Auftrag und Funktion der Deutschen Welle

Gunnar Folke Schuppert

Auftrag und Funktion der Deutschen Welle

Auslandsrundfunk unter den
Bedingungen von Globalisierung
und transnationaler Migration

PL ACADEMIC RESEARCH

Bibliografische Information der Deutschen Nationalbibliothek
Die Deutsche Nationalbibliothek verzeichnet diese Publikation
in der Deutschen Nationalbibliografie; detaillierte bibliografische
Daten sind im Internet über http://dnb.d-nb.de abrufbar.

ISBN 978-3-631-70053-2 (Print)
E-ISBN 978-3-631-70054-9 (E-Book)
E-ISBN 978-3-631-70055-6 (EPUB)
E-ISBN 978-3-631-70056-3 (MOBI)
DOI 10.3726/978-3-631-70054-9

© Peter Lang GmbH
Internationaler Verlag der Wissenschaften
Frankfurt am Main 2016
Alle Rechte vorbehalten.
PL Academic Research ist ein Imprint der Peter Lang GmbH.

Peter Lang – Frankfurt am Main · Bern · Bruxelles ·
New York · Oxford · Warszawa · Wien

Diese Publikation wurde begutachtet.

www.peterlang.com

Inhalt

Abstract

Das Phänomen der Globalisierung bringt unter anderem ein
Ende alter Gewissheiten und – höchst aktuell – massenhafte
transnationale Migration mit sich. Angesichts dessen ist ein
Überdenken des Programmauftrags und der Kompetenzgrenzen der Deutschen Welle (DW) als Auslandsrundfunk ange-
zeigt: Unter den Bedingungen räumlicher und kommunikativer
Entgrenzung ist ein rigide verstandener Auslandsbegriff un-
haltbar geworden. Er sollte stattdessen zielgruppenorientiert
verstanden werden. So wird der rechtlich unaufgebbare Auslandsbezug der DW realitätsnäher und aufgabengerechter
interpretiert. Nicht mehr nur das Ausland, sondern auch
die Zielgruppe der „Ausländer im Inland" ist für ihren Programmauftrag somit relevant. Es ist also folgerichtig, dass
die DW Ausländer, die sich temporär in Deutschland aufhalten, mit ihren fremdsprachigen Rundfunkangeboten und
insbesondere dem TV-Programm in der *lingua franca* Englisch
versorgen kann. Hierzu zählt im Übrigen auch die große Zahl
ausländischer Touristen und Geschäftsreisender. Das Ende
2015 begonnene sogenannte „Flüchtlingsfernsehen" ist also
keine Kompetenzüberschreitung seitens der DW, sondern legi-
timer Bestandteil ihrer Programmgestaltung, auch weil es zeitlich begrenzt ist und sich aus der besonderen Situation einer
massenhaften Migration von Kriegs- und Elendsflüchtlingen
rechtfertigt. Darüber hinaus ist diese zeitgemäße Anpassung
an globale Veränderungen integrationspolitisch und für den
„Dialog der Kulturen" bedeutsam. Zudem verfügt die DW
über die erforderliche institutionelle Kompetenz für solche Be-
lange, die durch die schon praktizierte Kooperation mit ARD
und ZDF weiterhin verstärkt werden könnte. Den vorgelegten
Befunden sollte durch entsprechende Gesetzesanpassungen
rechtliche Klarheit verschafft werden.

Globalisation brings about the end of old certainties and – which is highly topical – massive transnational migration. In view of this, a reconceptualisation of the broadcasting mandate and competencies of the Deutsche Welle (DW) as foreign broadcasting service is necessary: under the conditions of a spatial and communicative dissolution of borders, a rigid understanding of „foreign" has become untenable. It should be reformulated target-group-specifically. The legal quality of the term „foreign" is thus interpreted more realistically and adequately. Not only foreign countries, but also the target-group of „foreigners inside the country" are therefore relevant for the DW. It is consistent that the DW provides foreign-language broadcasting and especially TV programmes in the *lingua franca* English for foreigners temporarily residing in Germany, which also encompasses the large numbers of foreign tourists and business travellers. The so-called „Refugee TV", which started at the end of 2015, is thus not a transgression of competences by the DW, rather a legitimate part of its programming decisions, also because it is temporarily limited and justified by an exceptional situation of mass migration of refugees fleeing from war and misery. Additionally, it is an up to date adaptation to global change that is important for integration policies and the „dialogue of cultures". Moreover, the DW has the necessary institutional competencies for such tasks, which could be further strengthened via the already existing cooperation with ARD and ZDF. The presented results should be reflected by adequate legislative adjustments, ensuring legal clarity.

A. Anlass und Gegenstand des Gutachtens

Die Deutsche Welle ist ein Sender, der sich laufend verändert. Wie viele ihrer internationalen Mitbewerber muss sie dem raschen Wandel Rechnung tragen, den die immer schnellere digitale Entwicklung der gesamten Medienlandschaft ausgelöst hat. Es ist dies ein Wandel, der Veränderungen auf vielen Ebenen erfordert: neue Programmformate beispielsweise, die sich je nach Verbreitungsweg immer stärker in ihrer Aufbereitung unterscheiden. Mehr und mehr im Vordergrund steht darüber hinaus die ständige zeitliche und örtliche Verfügbarkeit der Angebote, die Nutzer – wo immer sie in der Welt leben – für relevant erachten. Die Antworten auf diesen Wandel lauten für Medienunternehmen deshalb fast überall „Flexibilität" und „Mobilität". Alte Gewissheiten und Abgrenzungen – ob technisch, inhaltlich oder territorial – verlieren durch die Digitalisierung zunehmend und immer rascher an Bedeutung. Der deutsche Auslandssender hat seine unternehmenspolitische Strategie, die gesetzlich geforderte Aufgabenplanung, hieran angepasst.[1]

Seit ihrer Gründung 1953 hat die DW ihre auslandsbezogene Sendetätigkeit kontinuierlich ausgedehnt. Dieser notwendige Auslandsbezug markiert zugleich Auftrag und Grenzen der Tätigkeit der DW.

Vom Kurzwellensender hat sich die DW zu einem Multimedia-Unternehmen entwickelt. So haben sich Verbreitungswege des Auslandsrundfunks dem technischen Fortschritt entsprechend geändert: Radio über Kurzwelle spielt

---

1 Für die folgenden Informationen wird sich auf das unter http://www.dw.com/de/unternehmen/profil/s-30626 verfügbare Datenmaterial zur DW bezogen.

nur noch in wenigen Ländern in Afrika eine Rolle. Heute ist das Internet ein zentrales Verbreitungsmedium. Unter der Internetadresse *dw.com* können die Fernsehprogramme der DW im Livestream gesehen und die meisten Sendungen im MediaCenter zu beliebiger Zeit *on demand* abgerufen werden. Auch das übrige multimediale Angebot aus Videos, Text, Fotos, Grafiken steht hier zum On-Demand-Abruf weltweit zur Verfügung.

Derzeit erstellt die DW lineare Fernsehkanäle in vier Sprachen (Englisch, Arabisch, Spanisch, Deutsch), in zwölf Sprachen als Radio- und Podcast-Angebote und in 30 Sprachen als multimediales Online-Angebot. In ihrer Programmarbeit kooperiert die DW eng mit den ARD-Landesrundfunkanstalten und dem ZDF; die DW ist im Übrigen seit Jahrzehnten Vollmitglied der ARD. Über 4.400 internationale Vertriebspartner der DW übernehmen Programme oder Programmteile.

Vor allem mit ihren Social-Media-Angeboten und der DW-App für Mobilgeräte – jeweils in 30 Sprachen verfügbar – erzielte die DW in den zurückliegenden Jahren hohe Wachstumsraten in der Nutzung. Nach aktuellen Hochrechnungen erreicht sie mit allen Angeboten wöchentlich regelmäßig 135 Millionen Nutzer weltweit.

Als „Flaggschiff" im Sinne eines Schwerpunkts ihrer programmlichen Anstrengungen betrachtet die DW inzwischen ihre englischsprachigen Fernseh- und Digitalangebote, weil sie das höchste Nutzungspotential in den ihr besonders wichtigen Zielregionen Asien und Afrika bieten. Das informationsorientierte TV-Programm deckt aus deutscher und europäischer Perspektive sowohl die weltweite Nachrichtenagenda als auch relevante Informationen aus den Zielregionen ab.

Es ist mehr als offensichtlich, dass sich der digitale Wandel in den nächsten Jahren wohl eher noch verstärken wird. Einerseits wegen der technischen Entwicklung, andererseits aber auch durch eine neue Generation von Nutzern, für die das mobile Smartphone und Soziale Medien wie Facebook und Twitter die Hauptzugänge zu Informations- und Unterhaltungsangeboten sein werden. Das ist international eher sichtbar als in Deutschland – in Afrika liegt das Durchschnittsalter der Bevölkerung bei 19 Jahren, in Asien bei rund 25 Jahren. Afrika und Asien sind demnach auch die interessantesten Wachstumsmärkte für Sender, die sich an ein internationales Publikum wenden. Da für diese jungen DW-Zielgruppen Soziale Medien immer mehr an die Stelle von herkömmlichen Fernseh- und Radio-Programmen treten, werden Inhalte nicht mehr nur einseitig ausgesendet, wie dies Jahrzehnte über geschah. Vielmehr treten die Journalistinnen und Journalisten der DW mit den Menschen zunehmend in einen Dialog. Der Sender wird so zu einem Kommunikationspartner. Diese Interaktivität wird überall erwartet, so dass in Sendungen und Beiträgen nicht nur Meinungen und Stellungnahmen der Nutzer beantwortet werden können, vielmehr kann vom Publikum produziertes Material nach entsprechender Vorprüfung unmittelbar in die Sendungen einfließen.

Es gibt also einen klaren Entwicklungsdruck für die DW, sich digitaler und mobiler aufzustellen. Diese Notwendigkeit gilt im Übrigen auch für die internationalen Mitbewerber des Senders.

Auch die Zielgruppen der DW haben sich mit dem digitalen Wandel geändert. Die ursprüngliche Zielgruppe der Deutschen im Ausland kann inzwischen über das Internet weltweit Informationsangebote deutscher Inlandsmedien abrufen. Während der deutsche Auslandssender mit dem Siegeszug des Internet sein „Informationsmonopol" verlor, das er in der Kurzwellen-Ära für Deutsche im Ausland hatte, waren Inhalte der deutschen Inlandssender nun weltweit präsent. Vor dem Hintergrund hat die DW in der aktuellen Aufgabenplanung als Zielgruppe „Entscheiderinnen und Entscheider[ ] sowie Teilnehmerinnen und Teilnehmer[ ] an der politischen Meinungsbildung" festgelegt.[2]

Dieser Kernzielgruppe haben die Aufsichtsgremien der DW – Rundfunkrat und Verwaltungsrat – zugestimmt. Der Deutsche Bundestag und die Bundesregierung erheben in ihren Stellungnahmen zur Aufgabenplanung keine Einwände gegen diese Zielgruppenbestimmung.[3]

Angesichts dieser insgesamt rasanten und mit der verfassungsrechtlichen **Entwicklungsgarantie des öffentlich-rechtlichen Rundfunks**[4] in Einklang stehenden technischen und programmlichen „Expansion" der Angebote der DW konnte es nicht überraschen, dass auch der Gesetzgeber sich verpflichtet fühlte, die gesetzlichen Grundlagen der Tätigkeit der DW den veränderten Verhältnissen anzupassen; im Zuge dieser Anpassung wurde auch der Programmauftrag der DW neu gefasst. Während das Deutsche-Welle-Gesetz (DWG) vom 1. Januar 1998, wie übrigens auch § 1 des schon 1960 erlassenen Bundesrundfunkgesetzes, in seinem § 4 diesen Auftrag der DW wie folgt definierte:

> Die Sendungen der Deutschen Welle sollen den Rundfunkteilnehmern im Ausland ein umfassendes Bild des politischen, kulturellen und wirtschaftlichen Lebens in Deutschland ver-

---

2 Deutsche Welle. *Aufgabenplanung Deutsche Welle 2014–2017*, retrieved 18.8.2016, from http://www.dw.com/popups/pdf/44249025/aufgabenplanung.pdf, S. 5.

3 Deutscher Bundestag. *Drucksache 18/3595. Beschlussempfehlung und Bericht des Ausschusses für Kultur und Medien (22. Ausschuss) zu der Unterrichtung durch die Deutsche Welle – Drucksachen 18/2536, 18/3056, 18/3216 Nr. 3 – Aufgabenplanung der Deutschen Welle 2014 bis 2017*, retrieved 18.8.2016, from http://dip21.bundestag.de/dip21/btd/18/035/1803595.pdf.

4 BVerfGE 74, 297, 350; 83, 238, 299/300; 136, 9, 28.

mitteln und ihnen die deutschen Auffassungen zu wichtigen Fragen darstellen und erläutern.

wurden die Ziele des deutschen Auslandsrundfunks in dem am 1. Januar 2005 in Kraft getretenen Änderungsgesetz nunmehr wie folgt beschrieben:

> Die Angebote der Deutschen Welle sollen Deutschland als europäisch gewachsene Kulturnation und freiheitlich verfassten demokratischen Rechtsstaat verständlich machen. Sie sollen deutschen und anderen Sichtweisen zu wesentlichen Themen vor allem der Politik, Kultur und Wirtschaft sowohl in Europa wie in anderen Kontinenten ein Forum geben mit dem Ziel, das Verständnis und den Austausch der Kulturen und Völker zu fördern. Die Deutsche Welle fördert dabei insbesondere die deutsche Sprache.

Für die DW ist es besonders wichtig, dass zugleich in § 3 die digitalen Angebote ausdrücklich in den gesetzlichen Aufgabenkreis aufgenommen wurden, indem es dort heißt: „Die Deutsche Welle bietet für das Ausland Rundfunk (Hörfunk, Fernsehen) und Telemedien an." Hier wird also noch am Territorialprinzip festgehalten. Dabei betonte der Gesetzgeber in der Amtlichen Begründung des Änderungsgesetzes:

> In Abgrenzung zu den Inlandsrundfunkanstalten wird die Aufgabe, Telemedien anzubieten, nicht mit Einschränkungen versehen. Dem liegt die Überlegung zugrunde, dass der Deutschen Welle die Möglichkeit eingeräumt werden muss, je nach dem Nutzerverhalten in den jeweiligen Zielregionen des Auslandsrundfunks unterschiedliche Medien einzusetzen.[5]

---

5   Deutscher Bundestag. *Drucksache 15/3278. Entwurf eines Gesetzes zur Änderung des Deutsche-Welle-Gesetzes*, retrieved 9.8.2016, from http://dip21.bundestag.de/dip21/ btd/15/032/1503278.pdf, S. 12.

Die Novelle des DWG berücksichtigt noch nicht den zwischenzeitlich weiter verstärkten internationalen Trend zu immer mobileren Gesellschaften und Eliten. Hinzu kommt das insbesondere in Kriegs-, Krisen- und Notfällen hinzukommende Phänomen einer massenhaften transnationalen Migration. Dies war im Jahre 2004 in dieser Dramatik nicht voraussehbar.

Die DW hat auf beide aktuellen Flüchtlingsbewegungen, die sich vor allem aus dem arabischen und nordafrikanischen Raum speisen, mit einer programmlichen Antwort reagiert, die in der Tagespresse gerne als die Einführung eines **Flüchtlingsfernsehens** bezeichnet wird. An diesem Angebot, das in Europa, aber auch in Deutschland wahrgenommen werden kann, hat sich ein aktueller Streit entzündet.[6]

Das Phänomen der massenhaften transnationalen Migration braucht hier nicht näher beschrieben zu werden, stehen doch jedem die einprägsamen Fernsehbilder der immer wieder dargebotenen Berichterstattung vor Augen, die zeigten und zeigen, welchem Zustrom von Flüchtlingen sich die Bundesrepublik Deutschland ausgesetzt sah und wahrscheinlich auch weiterhin ausgesetzt sein wird. Aber es geht hier weniger um Flüchtlingsbewegungen als solche, sondern um die

---

6 Vgl. etwa Conradt, Uwe. *Verfassungsrechtliche Grenzen. Überschreitet das Flüchtlings-TV der DW eine rote Linie?,* retrieved 8.8.2016, from http://www.epd.de/fachdienst/ fachdienst-medien/schwerpunktartikel/verfassungsrechtliche-grenzen; Siebenhaar, Hans-Peter: „Fernsehen ohne Grenzen für Flüchtlinge". *Handelsblatt* 1.2.2016, retrieved 6.8.2016, from http://www.handelsblatt.com/unternehmen/it-medien/ medienkommissar/der-medien-kommissar-fernsehen-ohne-grenzen-fuer-fluechtlinge/12904986.html; Wierny, Thomas: „Liegt das Ausland jetzt im Inland?". *Frankfurter Allgemeine Zeitung* 22.1.2016, S. 15.

mit der massenhaften Migration noch einmal deutlich verstärkte, sich aber schon in den vergangenen Jahren abzeichnende **Zunahme der kulturellen und religiösen Pluralität** in den sogenannten Aufnahmegesellschaften, die das, was man als „**Governance of Diversity**" bezeichnen kann,[7] zunehmend als **öffentliche Aufgabe** von allergrößter Wichtigkeit bewusst werden lässt, eine Aufgabe, die nicht nur die Verwaltung von Bund, Ländern und Kommunen herausfordert, sondern auch die Organisationen des sogenannten Dritten Sektors wie die Wohlfahrtsverbände, das Deutsche Rote Kreuz, die Kirchen und überhaupt alle Institutionen und Bürger, die sich als Teil der deutschen Zivilgesellschaft verstehen.

Angesichts dieser Entwicklungen muss eine öffentlich-rechtliche Rundfunkanstalt wie die DW, **deren Zielgruppe** qua Programmauftrag **Ausländer sind** – dazu später mehr – nicht nur darüber nachdenken, was dies für die Konturierung ihres Programmauftrages bedeutet, sondern sich aktiv positionieren, will sie nicht ihren Auftrag, das „Verständnis und den Austausch der Kulturen und Völker zu fördern", verfehlen: wie später zu zeigen sein wird, erhält der sogenannte **Kulturauftrag** des öffentlich-rechtlichen Rundfunks[8] eine völlig neue Dimension.

Die DW hatte sich entschieden, auf die massiven Flüchtlingsbewegungen im zweiten Halbjahr 2015 dadurch zu reagieren, indem ihr für den arabischen und nordafrikanischen

---

7   Schuppert, Gunnar Folke. *Governance of Diversity* i. E.

8   Vgl. Dörr, Dieter/Schiedermair, Stephanie. *Die Deutsche Welle. Die Funktion, der Auftrag, die Aufgaben und die Finanzierung heute.* Peter Lang: Frankfurt am Main 2003; Schulz, Wolfgang/ Dreyer, Stephan. *Reform des Deutsche Welle-Gesetzes – Optionen zur Konkretisierung von Aufgabe und Auftrag der Anstalt. Gutachten im Auftrag der Bundesbeauftragten für Kultur und Medien.* Nomos: Baden-Baden 2005.

Raum bestimmtes Programm DW (Arabia) nun über den Satelliten Astra 1 M auch direkt die **Zielgruppe ausländischer Flüchtlinge** anspricht. In einer Denkschrift der DW vom 21. Januar 2016 heißt es zur Zielrichtung und konkreten Ausgestaltung dieses in der seinerzeitigen politischen Tagesdiskussion als Flüchtlingsfernsehen apostrophierten Programms wie folgt:

> Der über den Satelliten Astra 1M verbreitete Kanal DW (Arabia) soll die bereits nach Europa gekommenen Flüchtlinge aus der arabischen Welt und die Arabisch sprechende Bevölkerung in Europa aus deutscher und europäischer Perspektive informieren. Das Programmangebot ist schon jetzt eng redaktionell verwoben mit den Mobil- und Online-Angeboten der DW.
> Das seit Jahren im arabischen Raum und aktuell auch nach Europa ausgestrahlte Programm DW (Arabia) hat in den Ursprungsländern der Flüchtlinge bereits eine gute Verbreitung und hohe Akzeptanz. Die Deutsche Welle geht deshalb davon aus, dass ihr neues Angebot für Europa darauf aufbauend zu einer schnelleren Information und Integration von Flüchtlingen beitragen wird. [...] Ziel des Gesamtangebots ist es, **Deutschland mit seinen Werten, seiner Kultur und seiner Gesellschaft den Flüchtlingen verständlich zu machen** [H. d. V.],[9] auch wenn Deutschkenntnisse noch fehlen. Dies ist durch Angebote von Al Arabia, Al Jazeera und den vielen sehr einseitig und interessengeleiteten weiteren Angeboten aus dem arabischen Raum nicht möglich. DW (Arabia) via Astra wird zukünftig so schon früh **Grundlagen für eine schnelle Integration fördern** [H. d. V.].
> Speziell auf die Zielgruppe zugeschnittene und partizipative Unterhaltungs-, Bildungs-, Kultur- und Sprachangebote können in weiteren Ausbaustufen ausdrücklich Teil des Pro-

---

9   Hervorhebungen in den Originaltexten wurden durch den Autor durchgehend nicht berücksichtigt.

gramms für Europa werden, sofern die Finanzierung dieser Angebote möglich ist.

Die Deutsche Welle erhofft sich neben der direkten Information durch die Zielgruppe des Kanals in Europa auch Rückwirkungen über soziale Medien in die Ursprungsländer hinein. Dazu kommt die Möglichkeit, zukünftig geeignete, für DW (Arabia) via Astra geschaffene Programmelemente auch in den arabischen Raum auszustrahlen. Beides würde dazu beitragen, **ein realistisches Bild der Umstände in Deutschland und anderen europäischen Zielländern** [H. d. V.] zu zeichnen, das Fluchtwillige besser über Möglichkeiten und Risiken informiert. Je höher die europäische Beteiligung und Verbreitung des Kanals, desto grösser sind auch die Chancen auf entsprechende Erfolge.[10]

Das ausländerbezogene redaktionelle Angebot der DW wurde ergänzt durch Sprachkursangebote, die in Zusammenarbeit mit der Bundesagentur für Arbeit entwickelt werden; in der schon zitierten Denkschrift vom 21. Januar 2016 hieß es dazu wie folgt:

> Zu den redaktionellen Angeboten werden die **Sprachlernangebote** [H. d. V.] der Deutschen Welle kommen, die derzeit für die Ausstrahlung und die Verwendung im Online Bereich überarbeitet werden. Die DW hat vor wenigen Tagen dafür mit der Bundesagentur für Arbeit einen starken Partner gewonnen. Die Sprachkurse werden von der DW Akademie verantwortet. Die Förderung der deutschen Sprache und Kultur ist Teil des gesetzlichen Programmauftrags der Deutschen Welle. Diesen Auftrag erfüllt die DW durch ihre Programme und begleitende Deutschkurse. [...] Mit dem neuen, gemeinsam entwickelten Deutschkurs leisten

---

10 Deutsche Welle. *Ausblick. DW (Arabia) via Astra 1 M. Entwicklungen, Kooperationsmöglichkeiten und Programmideen* 2016, S. 1–2.

17

die Bundesagentur für Arbeit (BA) und die Deutsche Welle (DW) mit ihrer Akademie auch einen besonderen Beitrag zur Integration von Flüchtlingen und Migranten in Deutschland. Kernstück ist ein noch umfassenderes didaktisches Angebot für Deutschlernende ohne Vorkenntnisse.
Die Inhalte des neuen Deutschkurses sind auf eine schnelle Anwendung des Gelernten im Alltag ausgerichtet und umfassen auch fachsprachliche Module, die auch Flüchtlingen den Zugang zum Arbeitsmarkt erleichtern. Im Laufe des Jahres 2016 wird der Einsteigerkurs ,Erste Schritte Deutsch' als kostenlose App für Smartphones zur Verfügung stehen. Das multimediale Angebot wird über die Webseiten der BA und der DW abrufbar sein.[11]

Gegen dieses sogenannte Flüchtlingsfernsehen sind verfassungsrechtliche und einfachgesetzliche Bedenken erhoben worden; sie lassen sich mit den Worten von Uwe Conradt in zwei Sätzen zusammenfassen: „Der Begriff ,Auslandsrundfunk' setzt an dem Begriff des **Staatsgebiets** [H. d. V.] an und nicht an der Staatsangehörigkeit von Personen (Ausländerrundfunk). Insofern muss im Zentrum jeder durch die Deutsche Welle verantworteten Rundfunkveranstaltung immer ein **ausländisches Empfangsgebiet** [H. d. V.] stehen."[12] Es handelt sich also der Sache nach um **kompetenzrechtliche Bedenken**: „Auch wenn in diesen Tagen trefflich über Grenzen, ihre Durchlässigkeit, ihren Sinn und viele weitere Aspekte diesbezüglich diskutiert wird – über die **Grenzen der Kompetenzordnung** [H. d. V.] unseres Grundgesetzes sollten wir nicht diskutieren. Wir sollten sie schützen."[13]
Für die Bundesrundfunkanstalt Deutsche Welle geht es also um die Frage, ob sie – aktuelle gesellschaftliche und

---

11 Ebd., S. 6.
12 Conradt 2016 a. a. O.
13 Wieny 2016 a. a. O., S. 15.

technische Entwicklungen ebenso wie ihren inhaltlichen Programmauftrag angemessen berücksichtigend – ihre fremdsprachlichen Angebote auf allen Ausspielwegen inlandsoffen verbreiten darf.

Die DW hat mich gebeten, die Stichhaltigkeit der geäußerten Bedenken gegen ihre programmliche Initiative für Flüchtlinge zu prüfen. Dazu wird es nicht reichen, die Begriffe „Inland" und „Ausland" begriffsjuristisch durchzudeklinieren. Vielmehr muss es darum gehen, die Bedeutung und die Funktion von „Auslandsrundfunk" unter den Bedingungen von Globalisierung und transnationaler Migration neu zu überdenken, denn eine Rechtsordnung, die ihren „**Realbereich**" und seine Veränderungen nicht ausreichend reflektiert, kann ihre Aufgabe, gesellschaftliche Entwicklungen rechtlich zu steuern, nicht hinreichend erfüllen.

Dass Veränderungen des Realbereichs auf die Auslegung des diesen Realbereich erfassenden Regelungsregimes zurückwirken müssen, gilt auch und gerade für den Bereich des Rundfunks. Dies hat das Bundesverfassungsgericht in seinem vierten Rundfunkurteil mit begrüßenswerter Deutlichkeit wie folgt klargestellt:

> Bei der Beurteilung der Anforderungen, die sich hieraus für die Rundfunkgesetzgebung der Länder ergeben, dürfen die oben in Kürze dargestellten modernen Entwicklungen auf dem Gebiet des Rundfunks nicht unberücksichtigt bleiben. Diesen kommt Bedeutung für die Auslegung der verfassungsrechtlichen Garantie zu: Sie gehören, wie schon die Rechtsprechung des Bundesverfassungsgerichts zur ‚Sondersituation' des Rundfunks erkennen lässt, zu dem konkreten Lebenssachverhalt, auf den das Grundrecht bezogen ist und ohne dessen Einbeziehung eine die normierende Wirkung der Rundfunkfreiheit entfaltende Auslegung nicht möglich erscheint.[14]

---

14 BVerfGE 73, 118, 154.

B. Eine Klarstellung zu Beginn: Auslandsrundfunk durch die Deutsche Welle ist Rundfunk im Sinne von Art. 5 Abs. 1 Satz 2 GG

I. Rundfunkfreiheit als Programmautonomie im Rahmen der gesetzlichen Vorgaben

Inzwischen wird es wohl niemand mehr der DW absprechen, sich auf das Grundrecht der Rundfunkfreiheit zu berufen; zur Begründung hat Herbert Bethge das Notwendige gesagt:

> Nicht jedes rundfunkbezogene Engagement und nicht jedwede Sympathie mit dem elektronischen Medium reichen schon aus, um als Träger der Rundfunkfreiheit zu gelten. Maßgeblich sind eine Reihe von Kriterien, die [...] vom Bundesverfassungsgericht mittlerweile herausgearbeitet worden sind. Diesen Kriterien genügt die Deutsche Welle. Sie ist Rundfunkveranstalterin; sie gestaltet Rundfunk in eigener Verantwortung; sie genießt im Rahmen der Gesetze Programmautonomie. Diese Kombination von Rundfunkveranstaltung und Programmautonomie ist konstituierend für die Grundrechtsträgerschaft der Anstalt. Die öffentlich-rechtliche Struktur ändert daran nichts.[15]

Peter Niepalla konnte demzufolge zu Recht folgendes konstatieren:

> Nach modernem Verfassungsverständnis ist es schlichtweg nicht mehr vorstellbar, dass eine deutsche öffentlich-rechtliche

---

15 Bethge, Herbert: „Budgetrecht contra Rundfunkfreiheit". In: Deutsche Welle (Hrsg.): *Stellung & Finanzierung des deutschen Auslandsrundfunks. Dokumentation des DW-Symposiums vom März 2000.* vistas: Berlin 2000, S. 12.

Rundfunkanstalt, die ‚materiell‘ Rundfunk veranstaltet und einfachgesetzlich als autonome Institution organisiert ist, dem Schutz der Rundfunkfreiheit nicht unterfällt.[16]

Gleichwohl ist es wichtig, auch hier noch einmal festzuhalten, dass die DW Trägerin des Grundrechts der Rundfunkfreiheit ist. Denn wie Bethge schon zutreffend hervorgehoben hat, bedeutet Rundfunkfreiheit **Programmautonomie**,[17] so dass es allein Sache der Leitungsorgane der DW ist, das Programmangebot der Anstalt zu bestimmen und zu verantworten, sofern dabei die verfassungsrechtlichen und gesetzlichen Grenzen eingehalten sind. Dabei wird man – was noch näher zu begründen sein wird – den Programmverantwortlichen einen gewissen Beurteilungsspielraum einräumen müssen, der umso größer ist, je unschärfer diese rechtlichen Grenzen sind und je mehr diese Grenzverläufe einer dynamischen Verschiebung unterliegen.

II. Einige Bemerkungen zum gelegentlich wiederkehrenden Argument der sogenannten „Staatsferne"

Wie schon der Titel des Vortrages von Herbert Bethge – „Budgetrecht contra Rundfunkfreiheit" – signalisiert, lädt die Tatsache, dass die DW aus dem Bundeshaushalt finanziert wird, geradezu dazu ein, die Gleichung Staatsfinanzierung = Staatsrundfunk aufzumachen.[18] Diese Gleichung ist – um es

---

16 Niepalla, Peter: „Die zukunftsweisende Modernisierung des deutschen Auslandsrundfunks. Eine Übersicht über die Novellierung des Deutsche-Welle-Gesetzes". *ZUM* 49(7) 2005, S. 534.

17 Ausführlich dazu Dörr, Dieter. *Die verfassungsrechtliche Stellung der Deutschen Welle.* C. H. Beck: München 1998, S. 42 ff.

18 Vgl. das Ersuchen der Bundestagsabgeordneten Tabea Rößner, der wissenschaftliche Dienst der Deutschen Bundestages möge

mit aller Deutlichkeit zu sagen – falsch, und zwar sowohl aus organisationsrechtlicher wie aus inhaltlicher Perspektive:

- Was zunächst die **organisationsrechtliche Perspektive** angeht, so geht es darum, ob die – neben dem Intendanten – zentralen Organe der DW, also der Rundfunkrat und der Verwaltungsrat, staatlich dominiert sind. Der Wissenschaftliche Dienst des Deutschen Bundestages hat in seinem Prüfbericht vom 7. Januar 2016 insoweit keine durchgreifenden Bedenken erhoben.[19] Das Bundesarbeitsgericht hat in seinem Urteil vom 4. Dezember 2013 nach sorgfältiger Prüfung einen Verstoß gegen das Gebot der Staatsferne ausdrücklich verneint.[20]

Bei realitätsnaher Betrachtungsweise – der sich dieses Gutachten verpflichtet fühlt – kommt es aber vor allem darauf an, ob die **Praxis der DW** auch nur den allergeringsten Anhaltspunkt dafür bietet, dass hier **regierungsamtlicher Rundfunk** betrieben wird. Dies ist nicht der Fall und steht auch nicht zu befürchten.

---

das sogenannte Flüchtlingsfernsehen nicht nur unter kompetenzrechtlichen Aspekten, sondern auch und vor allem unter dem Gesichtspunkt der verfassungsrechtlich erforderlichen „Staatsferne" prüfen: Sagatz, Kurt. *Flüchtlings-TV kollidiert mit Verfassung,* retrieved 8.8.2016, from http://www.tagesspiegel.de/medien/plaene-fuer-deutsche-welle-fluechtlings-tv-kollidiert-mit-verfassung/12838514.html.

19 Wissenschaftliche Dienste. *Die Deutsche Welle – Umfang der Bundeskompetenz und das Gebot der Staatsferne. Aktenzeichen WD 10-3000-098/15,* retrieved 8.8.2016, from https://www.bundestag.de/blob/406622/efa899d31b03a229a4c201e59d36e003/wd-10-098-15-pdf-data.pdf, S. 9–12.

20 BAG, Aktenzeichen 7 AZR 457/12.

• Auch zu dieser **inhaltlichen Perspektive** hat Herbert Bethge – einer der besten Kenner der deutschen Medienlandschaft – deutliche und klare Worte gefunden:

> Die Deutsche Welle ressortiert nicht zur unmittelbaren und auch nicht zur mittelbaren Staatsverwaltung. Sie ist pluralistisch strukturiert, staatsdistanziert und nimmt mehr als nur einen bescheidenen ministerialfreien Raum wahr. Sie ist vor allen Dingen nicht inhaltlich Sprachrohr des Staates, sie betreibt keine regierungsamtliche Verlautbarungstätigkeit, sie ist keine Filiale staatlicher Selbstdarstellung und ihr obliegt auch nicht die nationalstaatliche Repräsentanz nach außen. Das klingt ein bisschen bombastisch – vor allem Letzteres – aber wer sich ein wenig in der Geschichte auskennt, weiß, dass damit eine Argumentationsmodalität angesprochen worden ist, die der Bund 1960 in Karlsruhe vortrug, als er sagte, er sei hierfür allein gesetzgebungsbefugt. Die Deutsche Welle ist also Medium und Faktor, **Akteur eines staatsunabhängigen Kommunikationsprozesses** [H. d. V.], der vielleicht mit dem Meinungsbildungsprozess vergleichbar ist, wie er im staatsinternen Gefüge vorhanden ist und an dem gemeinnützige und private Veranstalter teilhaben.[21]

Eine weitere, vom Gutachter für zentral gehaltene Überlegung kommt hinzu. Eine staatsfinanzierte Rundfunkanstalt wie die DW lebt davon, dass sie von ihren Zielgruppen und der interessierten Öffentlichkeit **als unabhängig wahrgenommen wird**. Würde sie durch ihr tatsächliches Verhalten daran Zweifel aufkommen lassen, würde sie sich selbst ihrer **Legitimation** und ihrer **Wirkungschancen** berauben. Die DW würde sich selbst das Wasser abgraben und – falls es dies gibt – so etwas wie einen journalistischen Selbstmord vollführen, der weder im Eigeninteresse der Institution (Deutsche Welle) noch im Interesse der diese Institution finanzierenden

---

21 Bethge 2000 a. a. O., S. 13.

Bundesrepublik Deutschland liegen kann. Man kann insoweit von einem das Verhalten der DW auf Staatsferne-Kurs haltenden Steuerungsmodus sprechen, den man als „governance by reputation" bezeichnen könnte.[22]

Der Autor dieses Gutachtens ist aufgrund all seiner Erfahrung mit den tatsächlichen Bestimmungsgrößen des Verhaltens von Institutionen – im angelsächsischen Sprachgebrauch als „organisational behavior" bezeichnet – der festen Überzeugung, dass diese lebenswichtige **Reputationspflege** für das tatsächliche Verhalten einer Organisation – und damit insbesondere auch für die staatsfinanzierte DW – wichtiger ist als die aus rechtlichen Gründen natürlich ebenfalls zentralen Quotenregelungen für den Rundfunkrat und den Verwaltungsrat.

---

22 Vgl. dazu, wenn auch in einem etwas anderen Zusammenhang Schuppert, Gunnar Folke. *Staat als Prozess. Eine staatstheoretische Skizze in sieben Aufzügen.* Campus: Frankfurt am Main/ New York 2010, S. 89 ff.

C. Auslandsrundfunk unter den Bedingungen von Globalisierung und transnationaler Migration – was heißt das?

Bei den Diskussionen des Jahres 2000 über die Stellung und Finanzierung des deutschen Auslandsrundfunks[23] war das Phänomen der massenhaften transnationalen Migration noch kein Thema und auch von Globalisierung war – bis auf eine einzige Ausnahme – nicht die Rede. Gleichwohl sind verschiedene Beiträge dieser Diskussion nach wie vor wertvoll und von geradezu zeitloser Gültigkeit. Nicht zufällig war es Otmar Haas, der als Mitglied der „Enquetekommission Globalisierung" des Deutschen Bundestages das Stichwort „Globalisierung" aufrief und dazu unter dem Eindruck der den Gegensatz von Inland und Ausland betonenden Referate folgendes in der Diskussion anmerkte:

> Als Mitglied der Enquetekommission Globalisierung habe ich meine Zweifel, ob das, was hier gesagt ist, die Realität und die Änderungen, die in der Welt passieren, tatsächlich trifft. […] Wenn ich heute sehe, dass […] wir innerhalb der EU vom Wettbewerb der Regionen – übrigens nicht nur wirtschaftlich, sondern auf allen Gebieten – sprechen, dann ist das, was ich vorhin gehört habe, tatsächlich ein Ausdruck einer Kommentierung eines Vergangenen, das aber nicht mehr die Zukunft trifft. […] Die Zukunft gewinnen heißt eigentlich tatsächlich Wettbewerb der Regionen. Es heißt allerdings auch […] eine neue Aufgabe für die DW. Denn wenn ich die Globalisierung und die dort entwickelten Handlungsempfehlungen richtig verstehe, dann muss sie eigentlich zwangsläufig auch zu ei-

---

23 Deutsche Welle (Hrsg.). *Stellung & Finanzierung des deutschen Auslandsrundfunks. Dokumentation des DW-Symposiums vom März 2000.* vistas: Berlin 2000.

ner neuen Existenzgrundlage für die Deutsche Welle führen. Wir müssen die Rahmenbedingungen so schaffen, damit DW und Landesrundfunkanstalten tatsächlich den Aufgaben der Globalisierung – von der Kultur bis hin zur Wirtschaft – und allen anderen Aufgaben gerecht werden.[24]

Was der Diskussionsteilnehmer damit genau meinte, wurde von ihm nicht weiter ausgeführt. Darauf kommt es an dieser Stelle aber auch nicht an, sondern allein auf die Berechtigung seiner mehr denn je aktuellen Mahnung, dass die Fixierung auf Innen und Außen, auf Inland und Ausland unter den Bedingungen von Globalisierung und transnationaler Migration nicht mehr zeitgemäß sein könnte. Bevor dies näher ausgeführt wird, seien hier drei Stichworte eingeführt, an denen deutlich wird, dass Globalisierung und transnationale Migration nicht einfach zwei modische Schlagworte sind, die mit der DW nichts weiter zu tun haben, sondern Prozesse, die gerade für den Bereich „Kommunikation", und zwar auch und insbesondere für die Kommunikation via Rundfunk und Internet, von zentraler Bedeutung sind.

I. Globalisierungsgeschichte als Kommunikationsgeschichte: „time and space compression" durch globalisierte Kommunikation

Es besteht heute weitgehend Konsens darüber, dass Globalisierung an sich kein neues Phänomen ist, sondern dass das eigentlich Neue, das das sogenannte „Schrumpfen der Welt" bewirkt hat,[25] in dem Aufkommen neuer Kommunikationstechnologien bestand und weiterhin besteht – von der

---

24 Ebd., S. 48.
25 Schuppert, Gunnar Folke. *Wege in die moderne Welt. Globalisierung von Staatlichkeit als Kommunikationsgeschichte.* Campus: Frankfurt am Main/New York 2015, S. 35 ff.

Thurn und Taxis'schen Post über das Internet hin zu den sogenannten Sozialen Medien; auch danach wird kein Stillstand zu verzeichnen sein. Die den Prozess der Globalisierung kennzeichnende „time and space compression" war vor allem das Ergebnis einer sich globalisierenden Kommunikation,[26] ein Befund, der im Ergebnis bedeutet, dass für die Erscheinungsformen moderner Kommunikation Grenzen zunehmend schlicht irrelevant sind, was es etwas schwierig machen dürfte, die Welt weiterhin trennscharf in Inland und Ausland einzuteilen.

II. Kulturkontakte als Kommunikationsarenen

Wie leicht nachempfunden werden kann, vollzogen und vollziehen sich **Kulturkontakte als kommunikative Interaktionen**. Trifft man auf eine fremde Kultur, so muss man sich ihr gegenüber irgendwie verhalten: Man kann sie befremdlich finden, man kann sie bewundern und sich etwas von ihr aneignen wollen, man kann sie schlicht nur imitieren oder man kann sie ablehnen und dabei zugleich ein eigenes Überlegenheitsgefühl pflegen. Dass insoweit eine große Bandbreite von Reaktionsmöglichkeiten besteht, bezeugen die unendlich vielen Reiseberichte, die vor allem im 18. und 19. Jahrhundert eine begehrte und weit verbreitete Literaturgattung darstellten.[27]

---

26 Vgl. Mazlish, Bruce: „Comparing Global History to World History". *The Journal of Interdisciplinary History* 28 1998; Rothermund, Dietmar: „Globalgeschichte und Geschichte der Globalisierung". In: Grandner, Margarete/Rothermund, Dietmar/Schwendtker, Wolfgang (Hrsg.): *Globalisierung und Globalgeschichte*. Mandelbaum: Wien 2005.

27 Reichert, Folker. *Erfahrung der Welt. Reisen und Kulturbegegnung im späten Mittelalter*. Kohlhammer: Stuttgart u. a. 2001.

Aber es sind nicht nur Reisende, Entdecker, Fernkaufleute und Missionare, die sich der Begegnung mit fremden Kulturen absichtsvoll und freiwillig aussetzen, sondern es gibt auch – und damit sind wir wieder beim Thema der transnationalen Migration – die häufig unfreiwilligen Kulturkontakte von Exilanten und Migranten, seien dies Kriegsvertriebene, Religionsflüchtlinge oder Arbeitsmigranten, die in ihrem Heimatland keine wirtschaftliche Perspektive sehen. Es galt und gilt, die Heimat zu verlassen und sich in der Fremde neu einzurichten.[28]

Es sind vor allem zwei spezifische Situationen, die dabei zu bewältigen sind:

• Die von den Flüchtlingen, seien es nun Kriegsflüchtlinge oder sogenannte Wirtschaftsflüchtlinge, notgedrungen hautnah erfahrene Exilsituation zwingt sie dazu, sich mit dieser für sie neuen Situation auseinanderzusetzen, und zwar nicht nur, indem man sich mit der Kultur des aufnehmenden Gastlandes zu arrangieren sucht, sondern auch, indem man ein Verhältnis zu demjenigen Land beziehungsweise derjenigen Gesellschaft findet, die verlassen werden musste. Für die zu machenden Exilerfahrungen gilt also in potenzierter Form, was für das Reisen – und gemeint sind hier Reiseerfahrungen vor dem Einsetzen des Massentourismus – als spannungsvollem Unternehmen attestiert worden ist:

> [...] große Entfernungen, das Ausloten einer kulturellen Grenze und ihre Überschreitung setzen den Reisenden **emotionalen und intellektuellen Belastungen** [H. d. V.] aus. Wie er damit umging, in welchem Maße er sich auf die **Spielregeln**

---

28 Aufschlussreich dazu Mulsow, Martin: „Exil, Kulturkontakt und Ideenmigration in der Frühen Neuzeit". In: Jaumann, Herbert (Hrsg.): *Diskurse der Gelehrtenkultur in der Frühen Neuzeit. Ein Handbuch*. De Gruyter: Berlin/New York 2011.

der gastgebenden Kultur [H. d. V.] einließ, in welchen Formen Kulturkontakt, Kulturbeziehung und Kulturbegegnung verlaufen – dies alles sind Fragen, von deren Beantwortung eine Geschichte des Reisens ganz wesentlich abhängt.[29]

Es wird Aufgabe der Migrationsforschung sein, für den Bereich der massenhaften transnationalen Migration zu beschreiben und zu analysieren, welche Prozesse hierbei in der gegenwärtigen Situation stattfinden und wie man hierauf sinnvoll reagieren könnte.

• Die zweite Besonderheit der Exilsituation besteht darin, dass sich im Exil häufig **verschiedene Migrantengruppen** aus verschiedenen Ländern und kulturellen Kontexten begegnen, so dass nicht nur multiple Exilerfahrungen aufeinander treffen, sondern in der notgedrungenen Enge der Aufnahmelager und -wohnungen gelernt werden muss, mit kultureller und religiöser Diversität umzugehen; dass dies nicht einfach ist und zu Problemen führt, war der Berichterstattung über Flüchtlingsthemen mehrfach zu entnehmen.

• Wenn diese Überlegungen und Beobachtungen richtig sind, dann bedeutet dies, dass es Institutionen und Programme des Aufnahmelandes geben muss, welche die **Spielregeln vermitteln und erklären,** die für das Zusammenleben in den jeweiligen Gesellschaften gelten, einschließlich der Spielregeln für die **Austragung von unvermeidlichen Konflikten.** Wenn diese Folgerung zutrifft, dann bietet es sich nicht nur an, sondern es ist unabweisbar, die große Gruppe der Migranten als **Zielgruppe** der Medien wahrzunehmen und Programme aufzulegen, die die **Erreichbarkeit dieser Zielgruppe** gewährleisten: Rundfunk-(Fernsehen/Radio) und Internetangebote in den wichtigsten Sprachen der Migranten sind dafür das

---

29 Reichert 2001 a. a. O., S. 15.

offensichtlich geeignetste Mittel. Dies gilt erst recht für Mobilangebote, weil wohl nahezu alle Flüchtlinge über Mobiltelefone nicht nur kommunizieren, sondern sich damit auch über das aktuelle Geschehen informieren.

Noch etwas weiter gedacht, wird man von der Notwendigkeit sprechen müssen, die Aufgaben der Kulturpolitik und damit auch des Kulturauftrags des Rundfunks, insbesondere des Auslandsrundfunks DW, in einer Gesellschaft neu zu definieren, die man mit Shermin Langhoff, Intendantin am Maxim Gorki Theater in Berlin, als **„postmigrantische Gesellschaft"** bezeichnen kann.[30]

Die den öffentlich-rechtlich verfassten Institutionen der Kulturpolitik dabei zukommende Rolle hat sie – und dem ist außer Zustimmung nichts hinzuzufügen – wie folgt beschrieben:

> Im ganzen öffentlich-rechtlichen Bereich gibt es meiner Meinung nach Chancen, auch was die **Erreichbarkeit** [H. d. V.] angeht, durch Förderung beispielsweise von Radiosendungen oder ganzen Kanälen auf Arabisch etwas zu bewegen. Das gleiche gilt durchaus auch für andere Institutionen wie Bibliotheken oder Museen. Es geht darum, **eine größere Community** [H. d. V.], die jetzt angekommen ist, **aufzuklären** [H. d. V.], ihr ein Medium der Information zu geben und auch **Übersetzungen** [H. d. V.] möglich zu machen. Bereits existierende Medienstrukturen sind dafür also erste Fördermöglichkeiten.[31]

Mit dieser als Subtext mitlaufenden Formulierung **„Migrantengemeinschaft als Kommunikationsraum"** ist bereits das nächste Stichwort ausgerufen.

---

30 Langhoff, Shermin: „ ‚Kulturpolitik kann Räume schaffen' – ein Gespräch mit Shermin Langhoff". *Aus Politik und Zeitgeschichte* 66(20–22) 2016, S. 5.

31 Ebd., S. 6.

Angesichts dieser Befunde liegt der Gedanke nahe, der Institution des Auslandsrundfunks und die von ihm vorweisbaren Erfahrungen im Umgang mit verschiedenen ausländischen Zielgruppen für diese Aufgabe zu nutzen. Dies würde bedeuten, angesichts des Phänomens einer massenhaften transnationalen Migration den Begriff des Auslandes nicht **exklusiv territorial** zu definieren, sondern ihn **zielgruppenorientiert** zu verstehen, den **rechtlich unaufgebbaren Auslandsbezug** des Auslandsrundfunks also nicht aufzugeben, ihn aber realitätsnäher und aufgabengerechter zu interpretieren; darauf ist im weiteren Verlauf dieses Gutachtens noch zurückzukommen.

III. Zur Deterritorialisierung von Kommunikationsgemeinschaften

Bei den nachfolgenden Überlegungen ist die nachstehende Übersicht behilflich, die einem Beitrag von Andreas Hepp über „Medienkommunikation und deterritoriale Vergemeinschaftung" entnommen ist, in der zwischen territorialen und deterritorialen Kommunikationsräumen unterschieden wird:[32]

---

32 Hepp, Andreas: „Medienkommunikation und deterritoriale Vergemeinschaftung. Medienwandel und die Posttraditionalisierung von translokalen Vergemeinschaftungen". In: Hitzler, Ronald/ Honer, Anne/Pfadenhauer, Michaela (Hrsg.): *Posttraditionale Gemeinschaften. Theoretische und ethnografische Erkundungen.* VS: Wiesbaden 2009, S. 135.

Translokale Vergemeinschaftung

territorialisiert	deterritorialisiert

territoriale kulturelle Verdichtung

Region
ethnische/thematische/politische/
religiöse Aspekte

Nation
ethnische/thematische/politische/
religiöse Aspekte

Nationenbund
ethnische/thematische/politische/
religiöse Aspekte

deterritoriale kulturelle Verdichtung

Region
ethnische/thematische/politische/
religiöse Aspekte

**Populärkulturelle
Gemeinschaften**
thematische Aspekte

Soziale Bewegungen
politische Aspekte

**Religiöse
Vergemeinschaftungen**
religiöse Aspekte

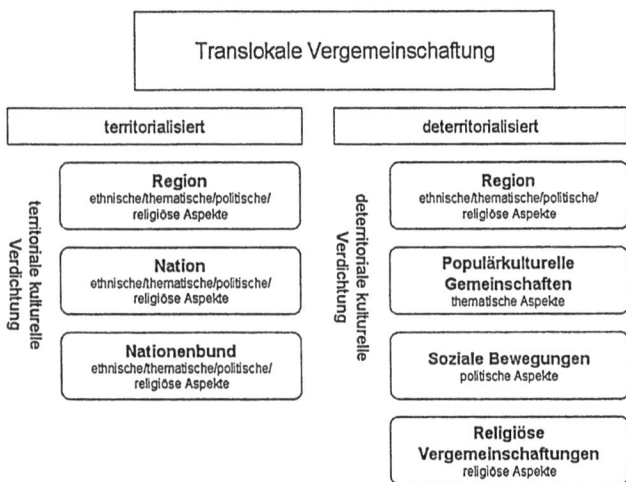

Wie diese Darstellung sehr schön zeigt, kann man entweder in **territorialen Kategorien** denken und hierbei immer größere Kommunikationsräume durchschreiten, bis man – in einer etwas überraschenden Art und Weise – wieder beim „global village" ankommt. Ein solches **territoriales Denkmodell** liegt ganz offensichtlich der Unterscheidung von Inlandsrundfunk und Auslandsrundfunk und der Beschränkung des Kompetenzbereichs der DW auf das Ausland als einem ausländischen Gebiet zugrunde. Oder man denkt nicht primär in räumlichen Bezügen, sondern in **personalen Vergemeinschaftungen**, die nicht räumlich definiert sind, sondern **sozial bestimmbare Räume** darstellen, wobei es diese auf gemeinsamer Herkunft oder gemeinsamer Religion beruhende soziale Verbundenheit ist, die eigentlich erst einen **gemeinsamen Kommunikations-raum** konstituiert.[33]

Ein solches **personal-soziales Denkmodell** liegt zugrunde, wenn man – bezogen auf den Auslandsrundfunk DW – nicht vom ausländischen Zielgebiet spricht, sondern von **Auslän-dern als Zielgruppe,** die nicht unbedingt mehr im geographi-schen Ausland leben, sondern als **Migrantengemeinschaft** im geographischen Inland, eine Gemeinschaft, deren Erreichbar-keit als Zielgruppe unter dem Aspekt des Kulturauftrags der DW allerhöchste Priorität genießen muss.

Wenn sich dies so verhält, erscheint es an der Zeit, die Fixierung der Rundfunkkompetenzen auf das Territorialitäts-prinzip etwas genauer auf den Prüfstand zu stellen.

---

33 Vgl. dazu Jarren, Otfried: „Kommunikationsraumanalyse – Ein Beitrag zur empirischen Kommunikationsforschung?". In: Bobrowsky, Manfred/Langenbucher, Wolfgang R. (Hrsg.): *Wege zur Kommunikationsgeschichte.* Ölschläger: München 1987.

D. Das Territorialitätsprinzip auf dem Prüfstand

I. Zur Patenschaft des Territorialitätsprinzips bei der Abgrenzung von Inlands- und Auslandsrundfunk

In seinem Beitrag „Deutsches Auslandsfernsehen – eine Aufgabe der Landesrundfunkanstalten?" hat Reinhart Ricker nicht, wie sonst üblich, danach gefragt, ob die DW im Inland befindliche Zielgruppen bedienen dürfe, sondern – umgekehrt – ob die inländischen Landesrundfunkanstalten das Ausland adressieren dürften; diese Frage hat er angesichts der klaren Begrenzung der Rundfunkanstalten auf ihr Sendegebiet klar und entschieden verneint:

So heißt es etwa in § 5 Abs. 1 ZDF Staatsvertrag, dass ‚in den Sendungen des ZDF den Fernsehteilnehmern in Deutschland ein objektiver Überblick über das Weltgeschehen insbesondere ein umfassendes Bild der deutschen Wirklichkeit vermittelt werden' soll. Ähnlich lautet § 3 Abs. 1 Medienstaatsvertrag Berlin/Brandenburg, wonach ‚die Landesrundfunkanstalten kooperieren mit dem Ziel, die Bevölkerung beider Länder mit Hörfunk und Fernsehprogramm zu versorgen, …'. Entsprechend bestimmt auch § 1 Abs. 1 MDR Staatsvertrag, dass der Mitteldeutsche Rundfunk ‚zur Veranstaltung von Rundfunk in den Ländern Sachsen, Sachsen-Anhalt und Thüringen (Sendegebiet)' mit Sitz in Leipzig errichtet wird. Beinahe wortgleich lautet auch § 1 Abs. 1 NDR Staatsvertrag, dass der Norddeutsche Rundfunk eine Anstalt ‚zur Veranstaltung von Rundfunksendungen in den Ländern Freie und Hansestadt Hamburg, Mecklenburg-Vorpommern, Niedersachsen, Schleswig-Holstein (Sendegebiet)' ist.
Die organisationsrechtlichen Grundlagen der einzelnen Rundfunkanstalten ermächtigen und beschränken diese somit grundsätzlich auf eine Tätigkeit innerhalb des **räumlichen**

Kompetenzbereichs des zuständigen Gesetzgebers [H. d. V.].
Von daher wäre eine Programmveranstaltung der ARD-
Anstalten bzw. des ZDF außerhalb ihres landesweiten bzw.
im Falle des ZDF nationalen Versorgungsgebietes für das Ausland ausgeschlossen.[34]

Wenn dies so klar ist, dann ist – gewissermaßen spiegelbild-
lich – der Auslandsrundfunk (DW) ebenso eindeutig auf das
ausländische Zielgebiet beschränkt, und zwar unabhängig
von Globalisierung und transnationaler Migration; dies ist
jedenfalls die Position von Uwe Conradt,[35] der dazu unter der
wuchtigen Überschrift **„Diametraler Gegensatz"** folgendes
ausgeführt hat:

> Auslandsrundfunk knüpft [...] an die staatliche Körperschaft
> Bundesrepublik an und hat das Ziel, deren gesamtstaatliche
> Sichtweisen ins Ausland zu transportieren und zu erklären.
> Im Gegensatz hierzu ist Inlandsrundfunk Teil des innerstaatli-
> chen Meinungsbildungsprozesses mit den Anknüpfungspunk-
> ten Individuum und Gesellschaft einerseits und dem Ziel der
> notwendigen demokratischen Bedürfnisbefriedigung der Ge-
> sellschaft andererseits. Der Umstand, dass die Deutsche Welle
> Mitglied der ARD ist und Programmbeiträge von öffentlich
> rechtlichen Landesrundfunkanstalten zugeliefert bekommt,
> ändert am diametralen Gegensatz von Funktion und Auftrag
> von Auslands- und Inlandsrundfunk ebenso wenig wie tech-
> nische Entwicklungen, die eine Verbreitung auf dem Gebiet
> der Bundesrepublik erleichtern.

---

34 Ricker, Reinhart: „Deutsches Auslandsfernsehen – eine Aufga-
be der Landesrundfunkanstalten?". In: Deutsche Welle (Hrsg.):
*Stellung & Finanzierung des deutschen Auslandsrundfunks.
Dokumentation des DW-Symposiums vom März 2000.* vistas:
Berlin 2000, S. 32.
35 Conradt 2016 a. a. O.

Es gibt keinen rechtlichen Anhaltspunkt, warum die Zusammensetzung der Bevölkerung auf dem Gebiet der Bundesrepublik an Funktion und Auftrag der Deutschen Welle etwas ändern sollte. Wanderungsbewegungen in die Bundesrepublik hat es in den letzten Jahrzehnten immer wieder gegeben – ohne eine Diskussion über einen daraus sich ergebenden Auftrag der Deutschen Welle.[36]

Man nimmt schon mit einer gewissen Verwunderung zur Kenntnis, dass auch wenn sich die Welt gründlich verändert – Stichworte sind hier Veränderung der Kommunikationstechnologien, Globalisierung, massenhafte transnationale Migration – das Territorialitätsprinzip davon gänzlich unberührt bleiben soll; man kann sich des Eindrucks nicht erwehren, dass hier an einem dichotomischen Gegensatz festgehalten werden soll, der sich angesichts der veränderten Verhältnisse zunehmend als Fiktion erweist. Nicht gesagt werden soll hiermit, dass der Territorialbezug damit obsolet würde; vielmehr soll die Notwendigkeit angemahnt werden, den Begriff Auslandsrundfunk so zu interpretieren, dass der Auslandsrundfunk seiner Aufgabe auch unter veränderten Bedingungen gerecht werden kann. Dies erweist sich gerade auch deshalb als unumgänglich, weil alle drei genannten veränderten Rahmenbedingungen – Kommunikationstechnologien, Globalisierung und massenhafte transnationale Migration – bei genauerem Hinsehen auf Grenzverwischungen hinauslaufen, die mit einer interpretatorischen Betonierung überkommener Grenzen nicht aus der Welt zu schaffen sind.

---

36 Ebd.

II. Von diametralen Gegensätzen zur Notwendigkeit, auf Prozesse der Grenzverwischung angemessen zu reagieren

In der schon mehrfach in Bezug genommenen Diskussion über die Stellung und Finanzierung des deutschen Auslandsrundfunks hat Udo Di Fabio in seinem Schlusswort anklingen lassen, dass die Schwierigkeit der juristischen Konturierung von Aufgabe und Funktion des Auslandsrundfunks unter den Bedingungen von Globalisierung und transnationaler Migration darin besteht, einerseits die skizzierten Grenzverwischungen zur Kenntnis zu nehmen,[37] andererseits aber doch zu versuchen, zu so etwas wie Abgrenzungen zu kommen, da **Kompetenzfragen** danach verlangen, verlässlich und nachvollziehbar beantwortet zu werden:

> Dann möchte ich das Schlusswort zu einer allgemeinen Bemerkung nutzen. Die Diskussion hat mir sehr viel gebracht. Sie zeigt nämlich, dass sich die Sachgebiete häufen, wo die klare Grenze zwischen Staat und Gesellschaft zu verschwimmen beginnt. Das ist ein interessantes Phänomen. Ich könnte gar nicht aufzählen, wo überall solche **Grenzüberschreitungen** [H. d. V.] stattfinden. Das gilt jedenfalls auch für einen Bereich, den man früher vielleicht einfach dem Auswärtigen – einer klassischen Staatsdomäne also – zugeschlagen hätte. Hier beginnt tatsächlich diese **Grenzziehung zu oszillieren** [H. d. V.] – also unscharf zu werden, wobei wir als Juristen aber dennoch immer wieder die Grenze betonen und ziehen müssen, wenngleich wir mitunter zu Aussagen kommen, die die Praxis nicht befriedigen kann, weil es eben

---

37 Allgemein zum Phänomen von Prozessen der Grenzverwischung durch Verflechtungsstrukturen siehe Schuppert, Gunnar Folke. *Verflochtene Staatlichkeit. Globalisierung als Governance-Geschichte.* Campus: Frankfurt am Main/New York 2014.

Übergangsfelder [H. d. V.] sind. Das ist aber auch zugleich der besondere Reiz, der das Medienrecht im Allgemeinen so spannend für die wissenschaftliche Beschäftigung macht. Das sollte aber kein Selbstzweck sein. Die Wissenschaft ist letztlich aufgerufen, tatsächlich doch Komplexität zu reduzieren, und da bin ich mit Herrn Bethge einig, dass das letztlich unser Ziel sein muss. Aber in diesem Feld haben wir wohl noch einiges zu leisten.[38]

Nimmt man diese Bemerkungen Di Fabios als Aufforderung „noch einiges zu leisten", so ist zweierlei zu tun: In einem ersten Schritt gilt es, die angesprochenen Grenzverwischungen genauer in den Blick zu nehmen und auf ihre rundfunkrechtliche Relevanz zu prüfen; in einem zweiten Schritt gilt es zu überlegen, worin Abgrenzungskriterien liegen könnten, wenn das Territorialitätsprinzip als Grenzmarkierung weitgehend ausfällt.

III. Das Territorialprinzip in dreifacher Bedrängnis

1. Territorialität und Technik

Dass eine klare Abgrenzbarkeit von Inland und Ausland nach dem Motto „Mein Sendegebiet – Dein Sendegebiet" weitgehend eine, wenn auch nützliche Fiktion ist, ergibt sich schon aus der Tatsache, dass die Verbreitungstechniken und Verbreitungswege von Rundfunk und Internet sich um die Einhaltung von Grenzen schlicht nicht kümmern. Peter Nie-

---

38 Podiumsdiskussion: „Der Finanzbedarf der DW. Teilnehmer: Prof. Dr. Hartmut Schiedermair, Prof. Dr. Udo Di Fabio, Moderation: Prof. Dr. Dieter Dörr". In: Deutsche Welle (Hrsg.): *Stellung & Finanzierung des deutschen Auslandsrundfunks. Dokumentation des DW-Symposiums vom März 2000.* vistas: Berlin 2000, S. 92.

palla hat dazu in seinem Kurzportrait des Auslandsrundfunks
die Realitäten wie folgt klar herausgearbeitet:

> Demgegenüber versteht man im [...] Medienrecht unter
> ‚Auslandsrundfunk' nicht die Ausstrahlung von Program-
> men durch Inlandsrundfunkanstalten und -veranstalter in
> das Ausland. Dies geschieht zum einen schon allein deshalb,
> weil Rundfunkwellen an Ländergrenzen nicht halt machen
> und deswegen bei der terrestrischen Verbreitung und vor
> allem bei der Übertragung durch Satelliten ([...] Übertra-
> gungssysteme) notwendigerweise auch in den Nachbar-
> ländern der Empfang möglich ist. Abgesehen von diesem
> unvermeidlichen ‚spill over' (unbeabsichtigte Ausstrahlung
> über das Sendegebiet hinaus) verbreiten die deutschen
> öffentlich-rechtlichen Landesrundfunkanstalten und private
> Rundfunkveranstalter ihre Programme auch in einer Reihe
> von europäischen Ländern in dortigen Kabelanlagen. Hinzu
> kommt die Verbreitung durch Internet-Breitbandanschlüsse,
> über die die Webseiten auch aller Inlandssender weltweit
> abrufbar sind. Darin stehen immer mehr Fernsehsendungen
> öffentlich-rechtlicher Sender in ‚Mediatheken' zusammen-
> gefasst zum On-Demand-Abruf zur Verfügung. Livestreams
> von Fernsehprogrammen werden oft auf separaten Plattfor-
> men im Internet angeboten und IPTV-Anbieter haben oft-
> mals deutsche TV-Sender in ihren Programmpaketen; die
> Radiokanäle sind durchweg per Internet-Livestream überall
> auf der Welt empfangbar, wo ein Breitbandanschluss ver-
> fügbar ist. Unabhängig von der Frage, inwieweit dies den
> gesetzlichen Auftrag der Landesrundfunkanstalten trifft,
> werden diese Programmverbreitungen gleichwohl nicht als
> ‚Auslandsrundfunk' bezeichnet, weil das Ausland jedenfalls
> nicht deren gesetzlich Vorgesehenes und damit primäres Sen-
> degebiet ist. Entsprechendes gilt für den privaten Rundfunk:
> Die länderübergreifende Satellitenverbreitung kommerzieller
> Programme bewirkt zwar mehr Zuschauer und damit mögli-
> cherweise eine Erhöhung der Werbeeinnahmen, jedoch kann
> dies seitens der Werbung treibenden Wirtschaft wie auch der

privaten Rundfunkveranstalter wirklich zielorientiert nur in Bezug auf die Regionen erfolgen, wo die Sendesprache verstanden wird.[39]

2. Territorialität oder auch Personalität: Zielgebiete oder Zielgruppen?

a) Was man aus der Semantik der Diskurse über den Auslandsrundfunk lernen kann

Bei der Durchsicht der Referate und Diskussionsbeiträge auf dem DW-Symposium über Stellung und Finanzierung des deutschen Auslandsrundfunks fällt auf, dass es eigentlich nie um Zielgebiete geht, sondern hauptsächlich um **Zielgruppen**, für die bestimmte Programmangebote gedacht sind, was zugleich Überlegungen dazu veranlasst, wie – das heißt, auf welchen Übertragungswegen – diese Zielgruppen erreicht werden können. Vier Beispiele für diese **Zielgruppensemantik** seien hier herausgegriffen:

• Bernd Holznagel fragt in seinem Diskussionsbeitrag zu Finanzierungsalternativen für den Auslandsrundfunk nach den **Aufgaben des Auslandsrundfunks** und macht diese an **zwei unterschiedlichen Adressatenkreisen** fest (S. 55 f.):

> Wie lautet die Vision für den Auslandsrundfunk? Ich möchte zwei zentrale Aufgabenstränge identifizieren und anhand dieser Aufgabenstränge fragen: Wie kann die Finanzierung aussehen? Ich habe aus der Diskussion entnommen, dass es im Kern um letztlich zwei Programme oder **zwei Programmaufträge** [H. d. V.] geht. Vielleicht spreche ich eher von Aufträgen. Zum einen ist es das **Programm, was sich**

---

39 Niepalla, Peter: „Auslandsrundfunk". In: Schiwy, Peter/Schütz, Walter/Dörr, Dieter (Hrsg.): *Medienrecht. Lexikon für Praxis und Wissenschaft*. Carl Heymanns: Köln 2010, S. 41–42.

an die **Weltbürger richtet** [H. d. V.]. Das ist die Art von
Programm, die gemeint ist, wenn Herr Haas von Globalisierung und Standortsicherung Deutschland spricht. Das ist
ein Programm, das vermutlich die Aufgabe hat, die deutsche
Wirtschaft – vielleicht im engeren Sinne – zu vermarkten, Informationen über Business-Entwicklung zu geben – im Kern
auch die Aufgabe hat, Industrie nach Deutschland zu holen.
Das zweite Aufgabenfeld ist – wie ich es nennen möchte –
**das Auslandsdeutschen-Programm. Also: das Weltbürger-
programm und das Auslandsdeutschen-Programm** [H. d. V.].
Das Auslandsdeutschen-Programm hat für mich die Aufgabe,
dass es Bundesbürger, die zunehmend im Ausland arbeiten,
versorgt. Ich selbst habe auch fast zwei Jahre in USA stu-
diert. Da ist man dann froh, dass man die DW empfangen
kann. Es ist betont worden, dass diese Auslandsdeutschen
auch ein Wahlrecht haben. Es ist natürlich auch so, dass ganz
stark die kulturelle Komponente vorhanden ist. Man möchte
gern weiterhin Kontakt haben zum eigenen Land. Je länger
man im Ausland lebt, desto mehr verklärt sich das Bild von
Deutschland.[40]

• Reinhard Hartstein, der ehemalige Verwaltungsdirektor
der DW, warf die Frage auf, ob es denkbar und sinnvoll sei,
die Versorgung der beiden Zielgruppen, also „die Versorgung
der dauerhaft oder temporär in Deutschland weilenden Deutschen und die Versorgung der Ausländer" organisatorisch
zu trennen und auch getrennt zu finanzieren, etwa bei den
Auslandsdeutschen durch Pay-TV. Er hat diese Frage mit dem

---

40 Podiumsdiskussion: „Finanzierungsalternativen für den Aus-
    landsrundfunk. Teilnehmer: Prof. Dr. Bernd Holznagel LL. M.,
    Prof. Dr. Reinhart Ricker M. A., Moderation. Prof. Dr. Dieter
    Dörr". In: Deutsche Welle (Hrsg.): *Stellung & Finanzierung
    des deutschen Auslandsrundfunks. Dokumentation des DW-
    Symposiums vom März 2000.* vistas: Berlin 2000, S. 55–56.

Argument verneint, die **Zielgruppen** würden sich **überschnei-den** und ließen sich **nicht klar trennen**:

> Das funktioniert weder in der Praxis noch ist es rechtstheoretisch ganz richtig. Denn auch die Empfängergruppen fließen ineinander. Man kann nicht stringent abgrenzen, das ist die Empfängergruppe, da machen wir es per Körperschaft und finanzieren es per Pay-TV, und das ist die andere Empfängergruppe. Die eine Sendung ist nur für die, und die andere ist für jene. Wenn diese These stimmt, dass sich die Zielgruppen überschneiden, kommen wir zu verschiedenen Finanzierungsquellen, vielleicht zu unterschiedlichen Kanälen, aber zu einer kooperativen Zusammenarbeit mit ARD und ZDF, beispielsweise im Rahmen eines Patronanzmodells: Die Programmverantwortung liegt bei der DW. Dies gilt vergleichsweise auch für das Gemeinschaftsfernsehprogramm der ARD im Inland. Da verantwortet auch nicht jede Rundfunkanstalt das Programm in allen deutschen Ländern. Beispielsweise verantwortet der WDR auch die Programme des Bayerischen Rundfunks. Die DW würde die Programme verantworten, die von ARD und ZDF zugeliefert werden.[41]

• In ihrem Gutachten im Auftrag der Bundesbeauftragten für Kultur und Medien über die Optionen zur Konkretisierung von Aufgabe und Auftrag der DW haben Wolfgang Schulz und Stephan Dreyer danach gefragt, worauf sich gesetzliche Anforderungen an die DW beziehen könnten und vorgeschlagen, insoweit die folgenden Ebenen zu unterscheiden:[42]

Zielgruppen:
➢ Kulturräume beziehungsweise Regionen
➢ Sprachen

---

41 Ebd., S. 64.
42 Schulz/Dreyer 2005 a. a. O., S. 45.

> Übertragungswege
> Diensttypen (Fernsehen, Hörfunk, verschiedene Online-Dienste) oder
> inhaltliche Gegenstände der Berichterstattung.

• Der Wissenschaftliche Dienst des Deutschen Bundestages schließlich spricht in seiner Begutachtung vom 7. Januar 2016 zwar nicht von Zielgruppen, aber – was in der Sache auf dasselbe hinausläuft – vom **inländischen und ausländischen Publikum** und versucht, diese Publikumsarten mit Hilfe des Dudens wie folgt auseinanderzuhalten:

– Das Programm DW Arabia soll nur in Westeuropa und Deutschland verfügbar sein. Der Empfang im Inland ist dabei aber nicht etwa nur technisch unvermeidbar, sondern auch beabsichtigt. Allerdings richten sich die Sendungen nicht an ein inländisches Publikum. Den Begriff ‚inländisch‘ beschreibt der Duden mit folgenden Synonymen: aus dem Inland kommend/stammend, einheimisch, heimisch, hiesig, innere, national, von hier. Die arabischsprechenden Flüchtlinge, die das Programm auch in Deutschland erreichen soll, sind aus dem Ausland kommend und nicht einheimisch. […] Vielmehr ist das Programm DW Arabia dem Auftrag der Deutschen Welle entsprechend **für Menschen aus fremden Ländern und Kulturen** [H. d. V.] und ihren Horizonten entsprechend aufbereitet.[43]

b) Zur Maßgeblichkeit von Zielgruppen als Rundfunkrezipienten

Wenn man die zitierten vier Stimmen noch einmal Revue passieren lässt, so lassen sie sich in einem einzigen Satz zusammenfassen: „Rundfunk wird für Menschen gemacht und

---

43 Wissenschaftliche Dienste 2016 a. a. O., S. 8.

damit in modernen pluralistischen Gesellschaften für bestimmte Zielgruppen." Das entspricht der Funktionslogik von Rundfunk, der sich dementsprechend darum bemühen muss und bemüht, für die unterschiedlichen Zielgruppen – je nach Alter, Konsumgewohnheiten, Lebensstil und Milieuzugehörigkeit – Programmangebote und Formate anzubieten, die von den verschiedenen Zielgruppen nachgefragt werden. Dies ist offensichtlich und man braucht kein Medienwissenschaftler zu sein, sondern „nur" „normaler" Rundfunkkonsument, um diese **Zielgruppenorientierung von Rundfunk** nachvollziehen zu können.

Wenn es dafür eines zusätzlichen Arguments bedürfte, dann besteht es in dem für jeden Fernsehzuschauer unübersehbaren Zusammenhang von Rundfunk und Werbung:

Die Werbung für bestimmte Produkte wendet sich an bestimmte Zielgruppen mit unterschiedlichen Konsumgewohnheiten. Dazu arbeiten die werbenden Unternehmen mit den Ergebnissen der sogenannten **Milieuforschung**,[44] von der die folgenden Milieus unterschieden werden:[45]

Die gesellschaftlichen Leitmilieus
➢ Konservativ-Etablierte
➢ Liberal-Intellektuelle
➢ Performer
Die Kritisch-Kreativen
➢ Expeditive
➢ Experimentalisten

---

44 Siehe dazu das SINUS-Institut: www.sinus-institut.de.
45 Aufstellung entnommen aus: vhw – Bundesverband für Wohnen und Stadtentwicklung e. V. *vhw-Kommunikationshandbuch: Praxisbezogene Kommunikation mit den Milieus der Stadtgesellschaft.* Berlin 2013, S. 10.

Der (Bürgerliche) Mainstream
- ➤ Sozialökologische
- ➤ Bürgerliche Mitte
- ➤ Adaptiv-Pragmatische

Die Traditionellen
- ➤ umfassen ausschließlich die Traditionellen

Die Prekären Milieus
- ➤ Prekäre
- ➤ Konsum-Hedonisten

Die Milieuzugehörigkeit – dies scheint festzustehen – prägt Lebensstile und Konsumgewohnheiten und damit auch die Konsumgewohnheiten in Bezug auf Rundfunkangebote. Aber dies ist nur der eine Aspekt. Vor allem aber prägt die Milieuzugehörigkeit **Wertepräferenzen** und **politische Einstellungen,** und zwar – wie Umfrageergebnisse vom September 2015 belegen – insbesondere auch die **Einstellung gegenüber Flüchtlingen,** und zwar mit bestürzender Eindeutigkeit.[46]

Auf die Frage, ob der Islam zu Deutschland gehört und ob die deutsche Kultur stärker in den Mittelpunkt gestellt werden sollte, gab es die folgenden Antworten:[47]

---

46 Hallenberg, Bernd: *Vielfalt und Flüchtlinge – Die Spaltung der gesellschaftlichen Mitte. In den Zeiten der Globalisierung – Ergebnisse der vhw-Trendbefragung 2015,* retrieved 9.8.2016, from http://www.vhw.de/fileadmin/user_upload/08_publikationen/werkSTADT/PDF/vhw_werkSTADT_Vielfalt_Fluechtlinge_Nr_2_2016.pdf.

47 Abb. „Der Islam gehört zu Deutschland" und Abb. „Deutsche Kultur stärker in den Mittelpunkt stellen", ebd., S. 6.

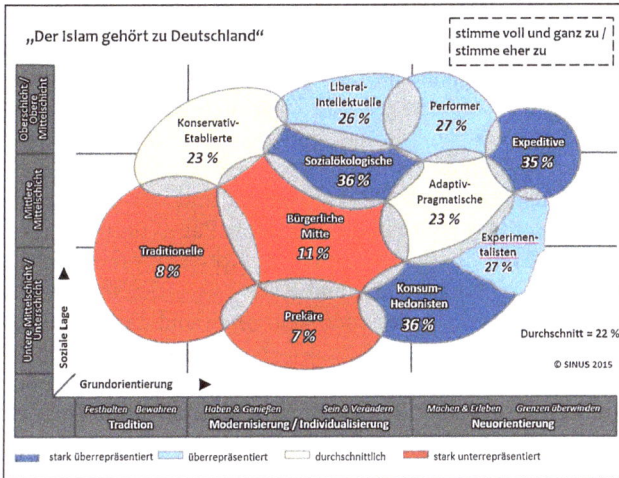

"Der Islam gehört zu Deutschland"

stimme voll und ganz zu / stimme eher zu

Konservativ-Etablierte 23 %	Liberal-Intellektuelle 26 %	Performer 27 %
	Sozialökologische 36 %	Expeditive 35 %
Traditionelle 8 %	Bürgerliche Mitte 11 %	Adaptiv-Pragmatische 23 %
	Prekäre 7 %	Experimentalisten 27 %
		Konsum-Hedonisten 36 %

Durchschnitt = 22 %
© SINUS 2015

Oberschicht / Obere Mittelschicht — Mittlere Mittelschicht — Untere Mittelschicht / Unterschicht

Soziale Lage ▲

Grundorientierung ▶

Festhalten Bewahren — Tradition | Haben & Genießen Sein & Verändern — Modernisierung / Individualisierung | Machen & Erleben Grenzen überwinden — Neuorientierung

stark überrepräsentiert   überrepräsentiert   durchschnittlich   stark unterrepräsentiert

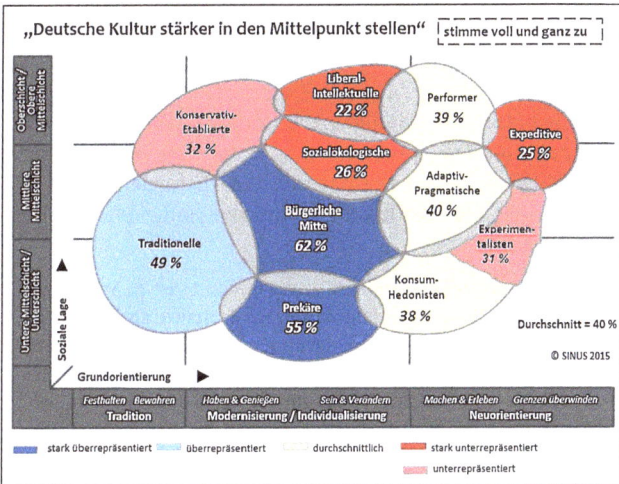

"Deutsche Kultur stärker in den Mittelpunkt stellen"

stimme voll und ganz zu

Konservativ-Etablierte 32 %	Liberal-Intellektuelle 22 %	Performer 39 %
	Sozialökologische 26 %	Expeditive 25 %
Traditionelle 49 %	Bürgerliche Mitte 62 %	Adaptiv-Pragmatische 40 %
	Prekäre 55 %	Experimentalisten 31 %
		Konsum-Hedonisten 38 %

Durchschnitt = 40 %
© SINUS 2015

Oberschicht / Obere Mittelschicht — Mittlere Mittelschicht — Untere Mittelschicht / Unterschicht

Soziale Lage ▲

Grundorientierung ▶

Festhalten Bewahren — Tradition | Haben & Genießen Sein & Verändern — Modernisierung / Individualisierung | Machen & Erleben Grenzen überwinden — Neuorientierung

stark überrepräsentiert   überrepräsentiert   durchschnittlich   stark unterrepräsentiert
unterrepräsentiert

Wenn der Auslandsrundfunk (DW) – was gänzlich unbestritten ist – einen ausgeprägten Kulturauftrag hat (dazu
sogleich mehr), dann liegt es auf der Hand, dass die **Migrantengemeinschaft eine zentrale Zielgruppe** des Programman-
gebots der DW zu sein hat, und zwar in zweifacher Weise:
Einmal müssen dieser Zielgruppe die Werte und Spielregeln
der deutschen Gesellschaft vermittelt und verständlich gemacht werden – wozu auch der gelebte Pluralismus gehört –,
zum anderen aber sollte auch – in Kooperation mit ARD-
Landesrundfunkanstalten und ZDF – über die Verhältnisse
in den Herkunftsländern der Migranten und die kulturellen
und religiösen Besonderheiten dieser Migrantengruppen informiert werden, um so zu einem **Dialog der Kulturen** bei-
zutragen, zu dessen Beförderung es allgemein-politisch wie
medienpolitisch keine sinnvolle Alternative gibt.

c) Zum Zusammenhang von Zielgruppen und Transportwegen

Dass es im Bereich des Auslandsrundfunks sinnvoll ist, weniger in Zielgebieten denn in Zielgruppen zu denken, ergibt
sich auch aus dem unauflösbaren **Zusammenhang von Zielgruppen und Transportwegen**, zu dem Peter Niepalla unter
dem Stichwort **„Die permanente Herausforderung der Erreichbarkeit des Publikums"** in überzeugender Weise folgendes ausgeführt hat:

> Beim Auslandsrundfunk ist es ein besonderer Aspekt, dass
> die inhaltliche Ausfüllung des Programmauftrages und der
> Transportweg zu den Zielgruppen geradezu eine innere
> Einheit bilden. Es ist sein Charakteristikum, dass sich seine
> Produkte und Transportwege für die unterschiedlichen Ziel-
> gruppen in der Welt und entsprechend den technischen und
> medialen Verhältnissen in den Zielgebieten diversifizieren. Die
> mediale Infrastruktur ist zwischen Industrienationen, soge-
> nannten Schwellenländern, und Entwicklungsländern schon

im Hinblick auf die technische Empfangbarkeit von Rundfunk sehr unterschiedlich. Dies gilt oft schon innerhalb desselben Landes, wenn man die Großstädte und Metropolen den Verhältnissen auf dem Lande gegenüberstellt. Deswegen ist die Erreichbarkeit des Publikums eine tägliche Herausforderung für die mit Marketing, Technik und Vertrieb befassten Bereiche des Auslandssenders. Nicht nur weil die finanziellen Ressourcen begrenzt sind, kann dabei nicht die ganze Welt gleich umfassend bedient werden. Online-Angebote entsprechen diesem besonderen Erfordernis, weil durch das Internet eine weltweite und kostengünstige Infrastruktur zur Verbreitung vorhanden ist und immer mehr Nutzen in aller Welt zur Verfügung steht. Dabei geht es beim Auslandsrundfunk nicht nur darum, durch Online-Angebote lediglich auf technisch andere Weise zu den Rezipienten im Ausland zu gelangen, also zum Beispiel Manuskripte von im Radio gesendeten Wortbeiträgen unverändert durch Internet zu verbreiten. Die permanente Herausforderung der Erreichbarkeit des Publikums als Strukturmerkmal des Auslandsrundfunks lässt sich durch Online-Dienste viel eher bewältigen, wenn es sich um eigenständige mediale Auftritte handelt die neben Hörfunk und Fernsehen stehen.[48]

d) Zielgruppen als tendenziell „moving targets"

Wenn es – wie dargelegt – sinnvoll ist, in Zielgruppen zu denken, ist in Zeiten der Globalisierung und der massenhaften transnationalen Migration dem Phänomen Rechnung zu tragen, dass die Zielgruppen – freiwillig, unfreiwillig, halbfreiwillig – eine hohe **Mobilitätsdynamik** aufweisen: Immer mehr Deutsche halten sich für kürzere oder längere Zeit aus beruflichen Gründen im Ausland auf, weil sie zum Beispiel für „Transnational Corporations" arbeiten, die über Niederlassungen in mehreren Ländern verfügen; immer mehr

---

48 Niepalla 2005 a.a.O., S. 534–535.

Ausländer halten sich als Reisende oder Migranten für eine oft nicht genau vorhersehbare Zeitspanne im Inland auf. Geschäftsreisende und Touristen beherrschen in der Regel die internationale *lingua franca* Englisch, so dass sie das über den Satelliten Astra auch in Deutschland empfangbare englische TV-Programm nutzen können.

Dem Statistischen Bundesamt zufolge hat sich bis zum 31. Dezember 2015 die Zahl der im Ausländerzentralregister (AZR) registrierten Ausländerinnen und Ausländer im Jahr 2015 auf 9,11 Millionen erhöht.[49]

Das Bundesamt für Migration und Flüchtlinge verzeichnet nach dem „Migrationsbericht 2014" von 2013 auf 2014 einen Anstieg auf 1,46 Millionen Zuzügen nach Deutschland.[50]

Und im Tourismus liegt Deutschland im Jahr 2011 mit 28,4 Millionen internationalen Touristenankünften auf der Beliebtheitsskala weltweit auf Platz 8. Die Geschäftsreisen der Europäer nach Deutschland sind 2012 auf knapp 13 Millionen gestiegen. Deutschland ist weltweit Nummer eins für internationale Messen, drei der fünf größten Messegelände der Welt liegen in Deutschland. Auch als Tagungs- und Kongressland ist Deutschland in Europa Nummer eins.[51]

---

49 DESTATIS – Statistisches Bundesamt. *Migration & Integration,* retrieved 9.8.2016, from https://www.destatis. de/DE/ZahlenFakten/GesellschaftStaat/Bevoelkerung/ MigrationIntegration/MigrationIntegration.html.

50 Bundesamt für Migration und Flüchtlinge. *Migrationsbericht des Bundesamtes für Migration und Flüchtlinge im Auftrag der Bundesregierung,* retrieved 10.8.2016, from https://www.bamf. de/SharedDocs/Anlagen/DE/Publikationen/Migrationsberichte/ migrationsbericht-2014.pdf?__blob=publicationFile, S. 8.

51 Bundesministerium für Wirtschaft und Technologie. *Tourismuspolitischer Bericht der Bundesregierung. 17. Legislaturpe-*

Mit anderen Worten: Auslandsdeutsche, Geschäftsreisende, Touristen wie Migranten sind **„moving targets"**, für die das Denken in territorialen Grenzen schlicht nicht passt. Dies ist der richtige Kern der Aussage des Gutachtens des Wissenschaftlichen Dienstes des Deutschen Bundestages, mit den Migranten sei das Ausland nach Deutschland gekommen:

> [...] bleibt die Deutsche Welle auch mit ihrem Programm DW Arabia im kompetenzrechtlichen Rahmen für den Auslandsrundfunk. Mit dieser Begründung ließe sich das Programm auch dann kompetenzrechtlich rechtfertigen, wenn es sich ausschließlich an in Deutschland lebende Flüchtlinge richten würde. **Mit diesen Personen ist das Ausland nach Deutschland gekommen** [H.d.V.]. Sie sind zum gegenwärtigen Zeitpunkt jedenfalls kein inländisches Publikum. Wenn sich dies mit der Zeit und der Stabilisierung des derzeitigen Status ändert, wird die Kompetenz des Bundes in diesem Bereich verdrängt durch die Kompetenz der Landesrundfunkanstalten für die Inlandsversorgung. Im Rahmen der gebotenen Zusammenarbeit innerhalb der ARD könnte die fachliche Kompetenz der Deutschen Welle für das ausländische Publikum bereits jetzt auch für entsprechende Sendungen des Landesrundfunks genutzt werden.[52]

3. Territorialität und Kulturauftrag

Auch der Kulturauftrag des Auslandsrundfunks – von Dieter Dörr und Stephanie Schiedermair als „Kern des Programmauftrags der Deutschen Welle" bezeichnet[53] – ist dem

---

riode, retrieved 9.8.2016, from https://www.bmwi.de/BMWi/Redaktion/PDF/S-T/tourismuspolitischer-bericht,property=pdf,bereich=bmwi2012,sprache=de,rwb=true.pdf.

52 Wissenschaftliche Dienste 2016 a.a.O., S. 8.
53 Dörr/Schiedermair 2003 a.a.O., S. 43–47.

53

Denken in territorialen Abgrenzungen nicht günstig, denn es geht zwar auch um das territoriale Ausland, das ein zutreffendes Bild von Deutschland erhalten soll, heute aber vor allem um die Menschen, die als Migranten nach Deutschland kommen und – wenn Integration gelingen soll – lernen müssen, „wie Deutschland funktioniert", das heißt nach welchen vor allem verfassungsrechtlich ausbuchstabierten Werten das Zusammenleben in Deutschland abläuft und im Großen und Ganzen ja auch funktioniert. Das Faktum kultureller und religiöser Pluralität weist dem Kulturauftrag des Rundfunks und insbesondere des Auslandsrundfunks eine gesteigerte Bedeutung zu, ein Zusammenhang, der von Dieter Dörr und Stephanie Schiedermair zutreffend hervorgehoben worden ist:

> Im klassischen Rundfunkauftrag kommt also ein besonderer Kulturauftrag des Rundfunks zum Ausdruck. Dieser steht keineswegs beziehungslos neben dem Informationsauftrag, da der moderne, zu Freiheit und Demokratie fähige Mensch nicht nur informiert und wissend sein muss, sondern auch die Gemeinschaftsanliegen mitgestalten und mitverantworten muss. Dazu ist die Entfaltung und ständige Erneuerung des diesbezüglichen Wertmaßstabes notwendig. Ein Bürger kann Demokratie und eine freiheitliche Gesellschaft nur mitprägen, wenn er ihre Grundwerte erlebt und versteht, die die von den Prinzipien der Menschenwürde und der daraus folgenden Freiheit und Gleichheit geprägte Rechtsgemeinschaft zusammenhält. **Die Vermittlung und das Verständnis dieser kulturellen Grundwerte werden in jeder Gesellschaft umso unverzichtbarer, je offener sie für andere ist** [H. d. V.].[54]

In ähnlicher Weise argumentiert auch Peter Niepalla, der in seinem Beitrag über die Modernisierung des deutschen Aus-

---

54 Ebd., S. 22–23.

landsrundfunks zutreffend auf die zentrale Bedeutung des **kulturellen Dialogs** und des **kulturellen Austausches** hinweist; Dialog und Austausch als interaktive Kommunikation aber vollziehen sich nicht zwischen Territorien, sondern zwischen Personen und Personengruppen:

> [...] bringt der Programmauftrag zum Ausdruck, dass es Aufgabe des Auslandsrundfunks ist, deutsche und europäische Werte zu vermitteln und **den Dialog darüber zu ermöglichen** [H. d. V.]. Werte im Sinne des Grundgesetzes wie Freiheit, Demokratie, Toleranz, Gleichberechtigung, soziale Gerechtigkeit, für die Gesellschaft und Staat in Deutschland und der europäischen Union stehen, werden dem internationalen Publikum nahegebracht. So können beispielsweise die Hörer und Zuschauer in der arabisch-islamischen Welt den Radiosendungen auf Arabisch und dem über den Satelliten NileSat verbreiteten arabischen Fernsehprogramm von DW-TV entnehmen, wie die Gleichberechtigung von Mann und Frau als ein allgemein akzeptierter und verfassungsrechtlich festgeschriebener Wert in der deutschen und europäischen Politik und Lebenswirklichkeit praktiziert wird. Dabei wollen die Sendungen nicht belehrend oder besserwisserisch sein, sondern auf kulturelle Traditionen Rücksicht nehmen und zugleich andere gesellschaftliche Modelle aufzeigen und zur Diskussion stellen, um – wie es in § 4 DWG heißt – ‚das Verständnis und den Austausch der Kulturen und Völker zu fördern.' Auch hier unterscheiden sich die Darbietungen des Auslandsrundfunks von den auf das Inlandspublikum bezogenen Programmen, weil diese Werte im Inland eben in erheblich höherem Maße als gegeben bzw. akzeptiert betrachtet werden können als in manchen Zielregionen im Ausland. Gerade aus diesem Zusammenhang erklärt sich das bereits genannte, durch die DWG Novellierung im Programmauftrag nun ausdrücklich formulierte Ziel, dem die gesamte Berichterstattung des Auslandssenders dient, nämlich ‚das Verständnis und den **Austausch zwischen den Kulturen und Völkern zu fördern** [H. d. V.].' Diese Zielsetzung entsprach zwar schon

dem bisherigen Selbstverständnis der DW, jedoch wird sie durch die nun erfolgte Kodifikation besonders herausgestellt und gestärkt. Dasselbe gilt übrigens für die neu aufgenommene Vorgabe, dass die DW bei ihren Angeboten die deutsche Sprache fördern soll, was bisher schon außer durch die weltweite Verbreitung deutschsprachiger Programme speziell auch durch Radio-Sprachkurse geschah.[55]

Und Hartmut Schiedermair hat aus alledem als Konsequenz formuliert, dass für Funktion und Aufgabe der DW die gebetsmühlenartige Wiederholung des Gegensatzes von innen und außen inadäquat ist:

> Die DW dient als Rundfunkanstalt der Pflege von Kultur. Im Bereich der Kultur verschwimmen innen und außen, die Raster, Inlandsbezug oder Auslandsbezug. Innenpolitik oder Außenpolitik sind Maßstäbe, die hier nicht greifen. Zur Pflege der Kultur gehört das Innen ebenso wie das Außen, und im Fall der DW haben wir es mit einem Stück auswärtiger Kulturpolitik zu tun.[56]

IV. Eine kurze Zwischenbilanz

Das Territorialitätsprinzip auf den Prüfstand zu stellen, hat zu einem eindeutigen Ergebnis geführt. Unter den Bedingungen von Globalisierung und massenhafter transnationaler Migration taugt es als **alleiniges** Kriterium zur Abgrenzung der Kompetenzbereiche von Inlandsrundfunk und Auslandsrundfunk nicht. Vielmehr hat in der Praxis schon immer die Zielgruppenorientierung des Auslandsrundfunks eine große Rolle gespielt und es scheint an der Zeit, den Begriff „Ausland" auch personal zu interpretieren, so dass es beim Auslandsrundfunk um die Rundfunkversorgung einerseits des

---

55 Niepalla 2005 a.a.O., S. 536–537.
56 Podiumsdiskussion 2000 a.a.O., S. 78.

geographischen Auslands, andererseits aber auch um die Versorgung von Zielgruppen mit eindeutigem Auslandsbezug geht, seien dies Auslandsdeutsche oder transnationale Migranten, die in Deutschland Sicherheit und/oder eine wirtschaftliche Perspektive suchen. Das sogenannte Flüchtlingsfernsehen ist daher nicht nur kompetenzrechtlich zulässig, sondern darüber hinaus eine sinnvolle, wenn nicht sogar gebotene Aufgabe der DW, will sie dem Geist ihres Auftrages gerecht werden.

E. Konsequenzen für die Abgrenzung von Inlands- und Auslandsrundfunk: Abgrenzung nach Funktionen

Wenn – wie dargelegt – das Territorialitätsprinzip für die Abgrenzung der Kompetenzbereiche der DW und der Landesrundfunkanstalten sowie des ZDF nicht ausreicht, bedarf es anderer Abgrenzungskriterien, die unseres Erachtens nur funktionaler Natur sein können.

1. Das Abgrenzungsmerkmal unterschiedlicher Zielgruppen

Wie ausführlich dargelegt, spricht unter den Bedingungen von Globalisierung und transnationaler Migration alles dafür, bei der Bestimmung des Funktionsbereichs der DW nicht auf das unbewegliche Territorium, also das Empfangsgebiet der Rundfunkprogramme abzustellen, sondern auf die **Zielgruppen der Programme** – mit der Konsequenz, dass der **Funktionsbereich des Auslandsrundfunks als variabel gedacht werden muss,** wenn die Zielgruppen infolge einer massenhaften **transterritorialen Migration** ihren Aufenthaltsort verändern. Der Zuständigkeitsbereich der DW wäre demnach primär „Ausländer" mit „normalem" Wohnsitz im Ausland, in Zeiten der massenhaften Migration aber vorübergehend auch im Inland. Dies ist im Grunde auch die Vorstellung des Wissenschaftlichen Dienstes des Deutschen Bundestages und ist in sich konsequent und stimmig.

Aber diese Abgrenzungsstrategie, die darauf hinausläuft, den Begriff „Ausland" durch den Begriff „Ausländer" zu ersetzen, greift für sich genommen zu kurz; wessen es bedarf, ist ein den Bedingungen von Globalisierung und transnationaler

Migration angemessenes Verständnis des Kulturauftrags des Auslandsrundfunks.

2. Der Kulturauftrag des Auslandsrundfunks unter den Bedingungen von Globalisierung und transnationaler Migration: Statt Kulturexport Dialog der Kulturen

Aus den bisher gemachten Erfahrungen mit Globalisierung durch und als globale Kommunikation über Ideen, Werte und Rechte[57] und insbesondere mit der gezielten Verbreitung von universale Geltung beanspruchenden Konzepten wie den Menschenrechten und der „Rule of Law" weiß man, dass die **Perspektive des Exports** von Ideen, Werten und Rechtskonzepten in bestimmte Zielregionen wenig hilfreich ist und zu Missverständnissen geradezu einlädt. Es besteht inzwischen weitgehend Konsens darüber, dass Transferprozesse – mögen dies Transfers von Ideen, Werten oder Rechtsprinzipien sein – nicht nach der Logik von Exportprozessen funktionieren, sondern dass es sich um **Übersetzungsprozesse** handelt, da **Bedeutungen** transportiert und verständlich gemacht werden müssen.[58]

Wenn sich dies so verhält, dann bedarf es für die Organisation und Durchführung solcher Übersetzungsprozesse

---

57 Vgl. dazu Schuppert 2015 a. a. O., Kap. IV, S. 209 ff.
58 Grundlegend Bachmann-Medick, Doris: „Menschenrechte als Übersetzungsproblem". *Geschichte und Gesellschaft* 38 2012; siehe ferner Foljanty, Lena: „Rechtstransfer als kulturelle Übersetzung". *Kritische Vierteljahresschrift für Gesetzgebung und Rechtswissenschaft* 98(2) 2015; Wagner, Birgit. *Kulturelle Übersetzung. Erkundungen über ein wanderndes Konzept*, retrieved 9.8.2016, from www.kakanien.ac.at/beitr/postcol/BWagner2. pdf.

eines bestimmten Typs von Akteuren, welche die **institutio-nelle Kompetenz** besitzen, einen solchen **interaktiven Dialog** zwischen den Kulturen mit Aussicht auf Erfolg zu mana-gen. Eine solche Institution ist qua Sprachkompetenz, „cul-tural knowledge" und spezifischem Kulturauftrag, nämlich der Förderung des kulturellen Dialogs und des kulturellen Austausches, die DW, die damit im Sinne einer **funktionalen Abgrenzung** von Inlands- und Auslandsrundfunk über eine spezifische Kompetenz verfügt, die als Alleinstellungsmerk-mal zu fungieren vermag.

Da die Organisation und Durchführung solcher kultu-rellen Übersetzungsprozesse eine komplexe Aufgabe dar-stellt und als Integrationsaufgabe **eine gesamtstaatliche Dimension besitzt,** läge es nahe, auch weiterhin in geeigne-ter Weise mit ARD-Landesrundfunkanstalten und ZDF zu kooperieren. Damit ist ein letzter wichtiger Gesichtspunkt angesprochen.

3. Kooperation statt Konkurrenz

Kompetenzabgrenzungen dienen unter anderem auch dem Zweck – dies weiß man aus der Beschäftigung mit soge-nannten Mehrebenensystemen wie der Europäischen Uni-on oder dem deutschen Föderalismus – einen unliebsamen Wettbewerb zu unterbinden und zu verhindern, dass „Kom-petenzräuberei" der einen Ebene auf Kosten der anderen Ebene stattfindet: Für die Europäische Union etwa soll dem durch das die Nationalstaaten schützende Subsidia-ritätsprinzip ein Riegel vorgeschoben werden. Eine solche Wettbewerbssituation ist im Verhältnis von DW zu ARD-Landesrundfunkanstalten und ZDF nicht zu besorgen, und zwar aus zwei Gründen:

Einmal wendet sich die DW nicht wie ARD-Landes-rundfunkanstalten und ZDF an das allgemeine deutsche

Publikum, sondern adressiert zwei spezifische von diesem Publikum **klar abgrenzbare Zielgruppen**, nämlich Ausländer und Auslandsdeutsche, womit übrigens der **Auslandsbezug** der DW immer gewährleistet bleibt. Eine **Zielgruppenkonkurrenz** besteht daher nicht. Was das sogenannte Flüchtlingsfernsehen angeht, so ist es zudem **inhaltlich** an den spezifischen Kulturauftrag des Auslandsrundfunks gebunden und muss daher einen Bezug zu der Aufgabe aufweisen, die man als Beförderung des Dialogs und des Austausches der Kulturen bezeichnen kann.

Zweitens ist das Programmangebot für die Zielgruppen der Migranten **zeitlich** begrenzt und legitimiert sich aus der besonderen Situation einer massenhaften Migration von Kriegs- und Elendsflüchtlingen. Sobald diese Migranten – um die Überlegungen des Wissenschaftlichen Dienstes des Deutschen Bundestages weiterzuführen – **zu Inländern werden**, die dauerhaft in der Bundesrepublik bleiben, entfällt diese das Flüchtlingsfernsehen legitimierende Sondersituation. Solange dies aber nicht der Fall ist, erfüllen die Programmangebote der DW eine kaum zu überschätzende **Integrationsfunktion**.

4. Änderungsbedarfe

Unter dem Eindruck all dieser empirisch wohl kaum widerlegbaren Befunde kommt dieses Gutachten zu der Empfehlung, jene die Arbeit der DW betreffenden Rechtsvorschriften – also das DW-Gesetz und, falls erforderlich, den Rundfunkstaatsvertrag – den veränderten Gegebenheiten anzupassen. Es muss im Interesse der Bundesrepublik Deutschland und des Auftrages der DW liegen, die Rechtsgrundlagen für einen zeitgemäßen deutschen Auslandsrundfunk zur Verfügung zu stellen und seine Arbeit nicht durch restriktive Auslegungsbemühungen des Begriffs „Ausland" behindert zu sehen. Demnach sollten die Bestimmungen des Deutsche-

Welle-Gesetzes im Einklang mit den kompetenzrechtlichen Vorgaben als Ergänzung zu dem territorial auf das Ausland gerichteten Programmauftrag auch darauf bezogen werden, dass die DW Ausländer, die sich temporär in Deutschland aufhalten, mit ihren fremdsprachigen Rundfunkangeboten und insbesondere dem TV-Programm in der *lingua franca* Englisch versorgen kann.

F. Zusammenfassung der Gutachtenergebnisse in Thesenform

1. Das Gutachten behandelt die Frage, wie die Kompetenzgrenzen des deutschen Auslandsrundfunks unter den Bedingungen von Globalisierung und massenhafter transnationaler Migration zu bestimmen sind. Anlass dafür ist die Kritik daran, dass das arabischsprachige Fernsehprogramm der DW (Arabia 1) seit Ende 2015 per Astra-Satellit auch in Westeuropa ausgestrahlt wird und damit auch in Deutschland empfangbar ist, vor allem aber daran, dass es zu einem speziell auf die Zielgruppe der Migranten zugeschnittenen Programm DW (Arabia 2) fortentwickelt wurde. Mit diesem sogenannten **Flüchtlingsfernsehen** habe die DW in unzulässiger Weise eine rote Linie überschritten, die dadurch markiert werde, dass der legitime Ausstrahlungsbereich des Auslandsrundfunks durch das Deutsche Welle-Gesetz territorial definiert sei: mit „Ausland" im Sinne von § 3 Abs. 1 DW-Gesetz sei ausschließlich das geographische Ausland gemeint.

2. Diese kompetenzrechtlichen Bedenken gegen eine angebliche Verwischung der Grenzen zwischen Inlands- und Auslandsrundfunk stützen sich ausschließlich auf ein als unwandelbar verstandenes **Territorialprinzip**, das die Welt klar und präzise in Inland und Ausland einteilt. Angesichts von Globalisierung und massenhafter transnationaler Migration gehört dieses Verständnis des Auslandsbegriffs auf den Prüfstand.

3. Die Prüfung führt zu dem Ergebnis, dass ein rigide verstandener Auslandsbegriff angesichts von Globalisierung und massenhafter transnationaler Migration nicht länger

haltbar ist, zumindest aber durch eine personelle Komponente – Ausländer als legitime Zielgruppe des Auslandsrundfunks – erweitert werden muss, und zwar aus drei Gründen.

4. Der erste Grund besteht darin, dass Globalisierung in ihrem Kern globalisierte Kommunikation meint. Die seit der Erfindung der Telegraphie immer weiter entwickelten Kommunikationstechnologien führen dazu, dass Kommunikation heute kein mehr durch geographische Grenzen eingrenzbares Phänomen ist. Insoweit hat die Vorstellung einer strikt territorialen Abgrenzbarkeit von Kommunikationsräumen keine reale Entsprechung mehr. Auch schon vor Einführung von DW (Arabia 2) waren die Programmangebote der DW aus technischen Gründen auch im Inland empfangbar, ohne dass dies zu irgendwelchen Beanstandungen geführt hätte.

5. Der zweite Grund ist ebenfalls prinzipieller Natur. Rundfunk wird für Rezipienten gemacht, die die Programmangebote nachfragen und die unterschiedliche Interessen und Bedürfnisse haben. Rundfunk hat es also immer – und hier besteht zwischen Inlands- und Auslandsrundfunk kein Unterschied – mit **Zielgruppen** unterschiedlicher Beschaffenheit zu tun. Der Begriff „Ausland" ist insoweit nichts anderes als ein überkommenes geographisches Kürzel für eine generell bestimmbare Zielgruppe, nämlich alle Ausländer, die sich für Deutschland und seine Kultur interessieren. Dazu gehören Touristen und Geschäftsreisende. Mit dem gegenwärtigen und auch in absehbarer Zukunft anhaltenden Prozess einer massenhaften transterritorialen Migration hat der Auslandsrundfunk es aber auch mit einer in dieser Art **neuen Zielgruppe** zu tun, nämlich von Ausländern im Inland: Mit diesen Migranten ist –

wie der Wissenschaftliche Dienst des Deutschen Bundestages es so treffend formuliert hat – „das Ausland nach Deutschland gekommen." Sich dieser Zielgruppe anzunehmen ist nicht nur – was unbestritten sein dürfte – integrationspolitisch sinnvoll, sondern auch eine legitime Aufgabe des Auslandsrundfunks, da dadurch der rechtlich unaufgebbare Auslandsbezug seiner Tätigkeit nicht etwa beseitigt oder prinzipiell gelockert, sondern lediglich in einer Weise **aktualisiert** wird, die den Veränderungen in der Welt Rechnung trägt. Es handelt sich insoweit um eine konsequente und folgerichtige Fortentwicklung des Kommunikationsauftrages des Auslandsrundfunks DW.

6. Auch der dritte Grund betrifft einen prinzipiellen Aspekt, nämlich ein zeitgemäßes Verständnis des Kommunikationsauftrags der DW. Dieser Kommunikationsauftrag ist nicht nur ein Auftrag zu verlässlicher Informationsverbreitung gegenüber einem in der Regel nicht-deutschen Publikum, sondern auch und vor allem ein **spezifischer Kulturauftrag** im Sinne einer Förderung des Dialogs und des Austauschs zwischen den Kulturen, die durch die massenhafte transnationale und transkulturelle Migration in bisher ungeahnter Intensität aufeinander treffen. Solche Dialog- und Austauschprozesse vollziehen sich nicht nach der Funktionslogik von Exportveranstaltungen, sondern sind – wie inzwischen unbestritten sein dürfte – **Übersetzungsprozesse** höchst voraussetzungsvoller Art. Es geht darum, **Bedeutungen** zu transportieren und Menschen verständlich zu machen, die einen anderen kulturellen und religiösen Hintergrund haben und daher zum Teil signifikant anders als deutsche Bundesbürger sozialisiert worden sind. Dafür, diese Übersetzungsprozesse zu organisieren

und inhaltlich zu verantworten, verfügt die DW qua Fremdsprachlichkeit und „cultural knowledge" über die erforderliche **institutionelle Kompetenz,** die durch die schon praktizierte Kooperation mit ARD und ZDF weiterhin verstärkt werden könnte.

7. Geht es beim Rundfunk um die mediale Betreuung von Zielgruppen, so ist die **tatsächliche Erreichbarkeit** dieser Zielgruppen von absolut zentraler Bedeutung, und zwar in inhaltlicher, sprachlicher und technischer Hinsicht. Was den technischen Aspekt angeht, so ist es, wenn die Zielgruppe eine legitime Zielgruppe ist – wie dies in diesem Gutachten für die Zielgruppe der sich in Deutschland aufhaltenden Migranten begründet worden ist – auch legitim, alle technischen Übertragungswege zu nutzen, welche die Erreichbarkeit der jeweiligen Zielgruppe verbessern. Dies gilt insbesondere für Online-Angebote, aber auch für die Nutzung inländischer Kabelnetze.

8. Die Programmangebote der DW für die Zielgruppe der Migranten bedeuten keinen unzulässigen Übergriff in den Kompetenzbereich von ARD-Landesrundfunkanstalten und ZDF. Während sich ARD-Landesrundfunkanstalten und ZDF an das allgemeine deutsche Publikum wenden, adressiert die DW mit dem sogenannten Flüchtlingsfernsehen eine ganz spezifische, eben ausländische Zielgruppe. Eine Zielgruppenkonkurrenz besteht daher nicht. Zudem ist das Programmangebot für die Zielgruppe der Migranten zeitlich begrenzt und legitimiert sich aus der besonderen Situation einer massenhaften Migration von Kriegs- und Elendsflüchtlingen.

9. Das Programmangebot der DW ist nach alledem kompetenzrechtlich nicht zu beanstanden.

10. Das für die DW maßgebliche Deutsche-Welle-Gesetz – und erforderlichenfalls der Rundfunkstaatsvertrag – sollten als Folge der beschriebenen Änderungen dahingehend geändert werden, dass der Programmauftrag der Rundfunkanstalt nicht nur Sendungen und Angebote für das „Ausland" umfasst, sondern dass als Zielgruppe ihrer fremdsprachigen Programme auch Ausländer gelten, die sich vorübergehend im deutschen Inland aufhalten.

Quellenverzeichnis

Bachmann-Medick, Doris: „Menschenrechte als Übersetzungsproblem". *Geschichte und Gesellschaft* 38 2012, S. 331–359.

Bethge, Herbert: „Budgetrecht contra Rundfunkfreiheit". In: Deutsche Welle (Hrsg.): *Stellung & Finanzierung des deutschen Auslandsrundfunks. Dokumentation des DW-Symposiums vom März 2000.* vistas: Berlin 2000, S. 11–20.

Bobrowsky, Manfred/Langenbucher, Wolfgang R. (Hrsg.): *Wege zur Kommunikationsgeschichte.* Ölschläger: München 1987.

Bundesamt für Migration und Flüchtlinge 2016: *Migrationsbericht des Bundesamtes für Migration und Flüchtlinge im Auftrag der Bundesregierung,* retrieved 10.8.2016, from https://www.bamf.de/SharedDocs/ Anlagen/DE/Publikationen/Migrationsberichte/ migrationsbericht-2014.pdf?__blob=publicationFile.

Bundesministerium für Wirtschaft und Technologie 2013: *Tourismuspolitischer Bericht der Bundesregierung. 17. Legislaturperiode,* retrieved 9.8.2016, from https://www.bmwi.de/BMWi/Redaktion/PDF/S-T/ tourismuspolitischer-bericht,property=pdf,bereich=bmw i2012,sprache=de,rwb=true.pdf.

Conradt, Uwe 2016: In: epd medien Nr. 5. *Verfassungsrechtliche Grenzen. Überschreitet das Flüchtlings-TV der DW eine rote Linie?,* retrieved 8.8.2016, from http://www. epd.de/fachdienst/fachdienst-medien/schwerpunktartikel/ verfassungsrechtliche-grenzen.

DESTATIS – Statistisches Bundesamt 2016: *Migration & Integration,* retrieved 9.8.2016, from https://www.destatis.

de/DE/ZahlenFakten/GesellschaftStaat/Bevoelkerung/
MigrationIntegration/MigrationIntegration.html.

Deutsche Welle: *Ausblick. DW (Arabia) via Astra 1 M. Entwicklungen, Kooperationsmöglichkeiten und Programmideen* 2016.

Deutsche Welle 2015: *Aufgabenplanung Deutsche Welle
2014–2017,* retrieved 18.8.2016, from http://www.dw.
com/popups/pdf/44249025/aufgabenplanung.pdf.

Deutsche Welle (Hrsg.): *Stellung & Finanzierung des deutschen Auslandsrundfunks. Dokumentation des DW-
Symposiums vom März 2000.* vistas: Berlin 2000.

Deutscher Bundestag 2014: *Drucksache 18/3595. Beschlussempfehlung und Bericht des Ausschusses für Kultur
und Medien (22. Ausschuss) zu der Unterrichtung durch
die Deutsche Welle – Drucksachen 18/2536, 18/3056,
18/3216 Nr. 3 – Aufgabenplanung der Deutschen Welle
2014 bis 2017,* retrieved 18.8.2016, from http://dip21.
bundestag.de/dip21/btd/18/035/1803595.pdf.

Deutscher Bundestag 2004: *Drucksache 15/3278. Entwurf
eines Gesetzes zur Änderung des Deutsche-Welle-Gesetzes,*
retrieved 9.8.2016, from http://dip21.bundestag.de/dip21/
btd/15/032/1503278.pdf.

Dörr, Dieter: *Die verfassungsrechtliche Stellung der Deutschen Welle.* C. H. Beck: München 1998.

Dörr, Dieter/Schiedermair, Stephanie: *Die Deutsche Welle.
Die Funktion, der Auftrag, die Aufgaben und die Finanzierung heute.* Peter Lang: Frankfurt am Main 2003.

Foljanty, Lena: „Rechtstransfer als kulturelle Übersetzung".
*Kritische Vierteljahresschrift für Gesetzgebung und
Rechtswissenschaft* 98(2) 2015, S. 89–107.

Grandner, Margarete/Rothermund, Dietmar/Schwendtker,
Wolfgang (Hrsg.): *Globalisierung und Globalgeschichte.*
Mandelbaum: Wien 2005.

Hallenberg, Bernd 2016: In: vhw-Werkstatt Nr. 2, März 2016. *Vielfalt und Flüchtlinge – Die Spaltung der gesellschaftlichen Mitte. In den Zeiten der Globalisierung – Ergebnisse der vhw-Trendbefragung 2015*, retrieved 9.8.2016, from http://www.vhw.de/fileadmin/user_upload/08_publikationen/werkSTADT/PDF/vhw_werkSTADT_Vielfalt_Fluechtlinge_Nr_2_2016.pdf.

Hepp, Andreas: „Medienkommunikation und deterritoriale Vergemeinschaftung. Medienwandel und die Posttraditionalisierung von translokalen Vergemeinschaftungen". In: Hitzler, Ronald/Honer, Anne/Pfadenhauer, Michaela (Hrsg.): *Posttraditionale Gemeinschaften. Theoretische und ethnografische Erkundungen.* VS: Wiesbaden 2009, S. 132–150.

Hitzler, Ronald/Honer, Anne/Pfadenhauer, Michaela (Hrsg.): *Posttraditionale Gemeinschaften. Theoretische und ethnografische Erkundungen.* VS: Wiesbaden 2009.

Jarren, Otfried: „Kommunikationsraumanalyse – Ein Beitrag zur empirischen Kommunikationsforschung?". In: Bobrowsky, Manfred/Langenbucher, Wolfgang R. (Hrsg.): *Wege zur Kommunikationsgeschichte.* Ölschläger: München 1987, S. 560–588.

Jaumann, Herbert (Hrsg.): *Diskurse der Gelehrtenkultur in der Frühen Neuzeit. Ein Handbuch.* De Gruyter: Berlin/New York 2011.

Langhoff, Shermin: „,Kulturpolitik kann Räume schaffen' – ein Gespräch mit Shermin Langhoff". *Aus Politik und Zeitgeschichte* 66(20–22) 2016, S. 3–7.

Mazlish, Bruce: „Comparing Global History to World History". *The Journal of Interdisciplinary History* 28 1998, S. 385–395.

Mulsow, Martin: „Exil, Kulturkontakt und Ideenmigration in der Frühen Neuzeit". In: Jaumann, Herbert (Hrsg.):

Diskurse der Gelehrtenkultur in der Frühen Neuzeit. Ein Handbuch. De Gruyter: Berlin/New York 2011, S. 441–464.

Niepalla, Peter: „Auslandsrundfunk". In: Schiwy, Peter/ Schütz, Walter/Dörr, Dieter (Hrsg.): *Medienrecht. Lexikon für Praxis und Wissenschaft.* Carl Heymanns: Köln 2010, S. 41–50.

Niepalla, Peter: „Die zukunftsweisende Modernisierung des deutschen Auslandsrundfunks. Eine Übersicht über die Novellierung des Deutsche-Welle-Gesetzes". *ZUM* 49(7) 2005, S. 532–539.

Podiumsdiskussion: „Der Finanzbedarf der DW. Teilnehmer: Prof. Dr. Hartmut Schiedermair, Prof. Dr. Udo Di Fabio, Moderation: Prof. Dr. Dieter Dörr". In: Deutsche Welle (Hrsg.): *Stellung & Finanzierung des deutschen Auslandsrundfunks. Dokumentation des DW-Symposiums vom März 2000.* vistas: Berlin 2000, S. 73–92.

Podiumsdiskussion: „Finanzierungsalternativen für den Auslandsrundfunk. Teilnehmer: Prof. Dr. Bernd Holznagel LL. M., Prof. Dr. Reinhart Ricker M. A., Moderation. Prof. Dr. Dieter Dörr". In: Deutsche Welle (Hrsg.): *Stellung & Finanzierung des deutschen Auslandsrundfunks. Dokumentation des DW-Symposiums vom März 2000.* vistas: Berlin 2000, S. 55–71.

Reichert, Folker: *Erfahrung der Welt. Reisen und Kulturbegegnung im späten Mittelalter.* Kohlhammer: Stuttgart u. a. 2001.

Ricker, Reinhart: „Deutsches Auslandsfernsehen – eine Aufgabe der Landesrundfunkanstalten?". In: Deutsche Welle (Hrsg.): *Stellung & Finanzierung des deutschen Auslandsrundfunks. Dokumentation des DW-Symposiums vom März 2000.* vistas: Berlin 2000, S. 31–42.

Rothermund, Dietmar: „Globalgeschichte und Geschichte der Globalisierung". In: Grandner, Margarate/Rothermund, Dietmar/Schwendtker, Wolfgang (Hrsg.): *Globalisierung und Globalgeschichte*. Mandelbaum: Wien 2005, S. 12–35.

Sagatz, Kurt 2016: In: Der Tagesspiegel. *Flüchtlings-TV kollidiert mit Verfassung,* retrieved 8.8.2016, from http://www.tagesspiegel.de/medien/plaene-fuer-deutsche-welle-fluechtlings-tv-kollidiert-mit-verfassung/12838514.html.

Schiwy, Peter/Schütz, Walter/Dörr, Dieter (Hrsg.): *Medienrecht. Lexikon für Praxis und Wissenschaft.* Carl Heymanns: Köln 2010.

Schulz, Wolfgang/Dreyer, Stephan: *Reform des Deutsche Welle-Gesetzes – Optionen zur Konkretisierung von Aufgabe und Auftrag der Anstalt. Gutachten im Auftrag der Bundesbeauftragten für Kultur und Medien.* Nomos: Baden-Baden 2005.

Schuppert, Gunnar Folke: *Wege in die moderne Welt. Globalisierung von Staatlichkeit als Kommunikationsgeschichte.* Campus: Frankfurt am Main/New York 2015.

Schuppert, Gunnar Folke: *Verflochtene Staatlichkeit. Globalisierung als Governance-Geschichte.* Campus: Frankfurt am Main/New York 2014.

Schuppert, Gunnar Folke: *Staat als Prozess. Eine staatstheoretische Skizze in sieben Aufzügen.* Campus: Frankfurt am Main/New York 2010.

Schuppert, Gunnar Folke: *Governance of Diversity* i. E.

Siebenhaar, Hans-Peter: „Fernsehen ohne Grenzen für Flüchtlinge". *Handelsblatt* 1.2.2016, retrieved 6.8.2016, from http://www.handelsblatt.com/unternehmen/it-medien/medienkommissar/der-medien-kommissar-fernsehen-ohne-grenzen-fuer-fluechtlinge/12904986.html.

vhw – Bundesverband für Wohnen und Stadtentwicklung
e. V.: *vhw-Kommunikationshandbuch: Praxisbezogene
Kommunikation mit den Milieus der Stadtgesellschaft.*
Berlin 2013.

Wagner, Birgit: *Kulturelle Übersetzung. Erkundungen über
ein wanderndes Konzept,* retrieved 9.8.2016, from www.
kakanien.ac.at/beitr/postcol/BWagner2.pdf.

Wierny, Thomas: „Liegt das Ausland jetzt im Inland?".
Frankfurter Allgemeine Zeitung 22.1.2016, S. 15.

Wissenschaftliche Dienste 2016: *Die Deutsche Welle – Umfang der Bundeskompetenz und das Gebot der Staatsferne.
Aktenzeichen WD 10-3000-098/15,* retrieved 8.8.2016,
from https://www.bundestag.de/blob/406622/efa899d31
b03a229a4c201e59d36e003/wd-10-098-15-pdf-data.pdf.

www.ingramcontent.com/pod-product-compliance
Lightning Source LLC
Chambersburg PA
CBHW071750270326
41928CB00013B/2870